Martina Dorka, Anita Hecker

Herausgeber: Bernd Biermann

Wahrnehmen und Beobachten

Unterrichtsthemen aus Sozialpflege und Sozialpädagogik

1. Auflage

Bestellnummer 40489

■ Bildungsverlag EINS

Haben Sie Anregungen oder Kritikpunkte zu diesem Produkt?
Dann senden Sie eine E-Mail an 40489_001@bv-1.de
Autoren und Verlag freuen sich auf Ihre Rückmeldung.

Inhaltsverzeichnis

1	**Einführung in das Thema Wahrnehmung**	3
1.1	Welche Bedeutung haben Wahrnehmen und Beobachten für die Sozialpflege?	3
1.2	Wahrnehmung als Lebensgrundlage	5
1.3	Der Prozess der Wahrnehmungsverarbeitung	7
1.4	Die Entwicklung der Wahrnehmung	9
2	**Sinnessysteme und Wahrnehmungsstörungen**	12
2.1	Berühren und Tasten	12
2.2	Körperempfinden und Bewegungsgeschicklichkeit	14
2.3	Im Gleichgewicht sein	16
2.4	Riechen	18
2.5	Schmecken	19
2.6	Sehen	22
2.7	Hören	24
3	**Psychologische Grundlagen der Wahrnehmung**	27
3.1	Gestaltgesetze der Wahrnehmung	27
3.2	Wahrnehmungskonstanzen	29
4	**Beeinflussung der Wahrnehmung und Wahrnehmungsfehler**	30
4.1	Wahrnehmung und Wirklichkeit	30
4.2	Individuelle Faktoren der Wahrnehmung	31
4.3	Soziale Faktoren der Wahrnehmung	34
4.4	Fehler der Personenwahrnehmung	36
5	**Von der Wahrnehmung zur Beobachtung**	39
5.1	Was unterscheidet die Wahrnehmung von der Beobachtung?	39
5.2	Der Beobachtungsprozess	41
5.3	Mögliche Beobachtungsarten und Instrumente	42
5.4	Beobachtungsergebnisse auf Gültigkeit überprüfen	44

www.bildungsverlag1.de

Bildungsverlag EINS GmbH
Hansestraße 115, 51149 Köln

ISBN 978-3-427-40489-7

© Copyright 2012: Bildungsverlag EINS GmbH, Köln
Das Werk und seine Teile sind urheberrechtlich geschützt. Jede Nutzung in anderen als den gesetzlich zugelassenen Fällen bedarf der vorherigen schriftlichen Einwilligung des Verlages.
Hinweis zu § 52a UrhG: Weder das Werk noch seine Teile dürfen ohne eine solche Einwilligung eingescannt und in ein Netzwerk eingestellt werden. Dies gilt auch für Intranets von Schulen und sonstigen Bildungseinrichtungen.

1 Einführung in das Thema Wahrnehmung

1.1 Welche Bedeutung haben Wahrnehmen und Beobachten für die Sozialpflege?

Wahrnehmen

Menschen sind sinnliche Wesen und nehmen ihre Umwelt über ihre Sinnesorgane wahr. Sie sehen, hören, fühlen, schmecken und riechen ihre Umwelt. Auch Ihren Berufsalltag erfahren Sie über Ihre Sinne. Ihre Wahrnehmungsfähigkeit ist eines Ihrer wichtigsten Instrumente im Umgang mit betreuungs- und pflegebedürftigen Menschen.

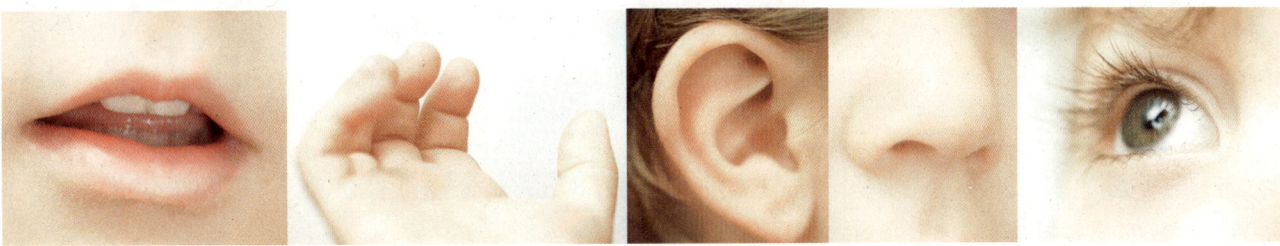

■ Die Informationen, die Sie über Ihre Sinnesorgane aufnehmen und die in Ihrem Gehirn zu einem sinnvollen Gesamteindruck verarbeitet werden, bilden die Grundlage für sozialpflegerisches Denken, Planen und Handeln. ■

Wahrnehmungsfehler

Unsere Wahrnehmung unterliegt einer Reihe von Einflussfaktoren, die dazu führen können, dass wir die Wirklichkeit verzerrt oder lückenhaft wahrnehmen. Die unten gezeigten optischen Täuschungen lösen solche Wahrnehmungsverzerrungen im Bereich der visuellen (mit den Augen wahrgenommen) Wahrnehmung aus. Zu Wahrnehmungsfehlern kann es auch in anderen Bereichen der Wahrnehmung kommen. Die Folge von subjektiven (von der persönlichen Meinung beeinflussten) Wahrnehmungen können Fehleinschätzungen und – daraus folgend – auch Fehlentscheidungen sein. Im beruflichen Umgang mit Menschen ist es daher unerlässlich, die Faktoren, die Einfluss auf unsere Wahrnehmung haben, zu kennen und sich bewusst zu machen. Daher werden in diesem Heft einige Einflussfaktoren vorgestellt

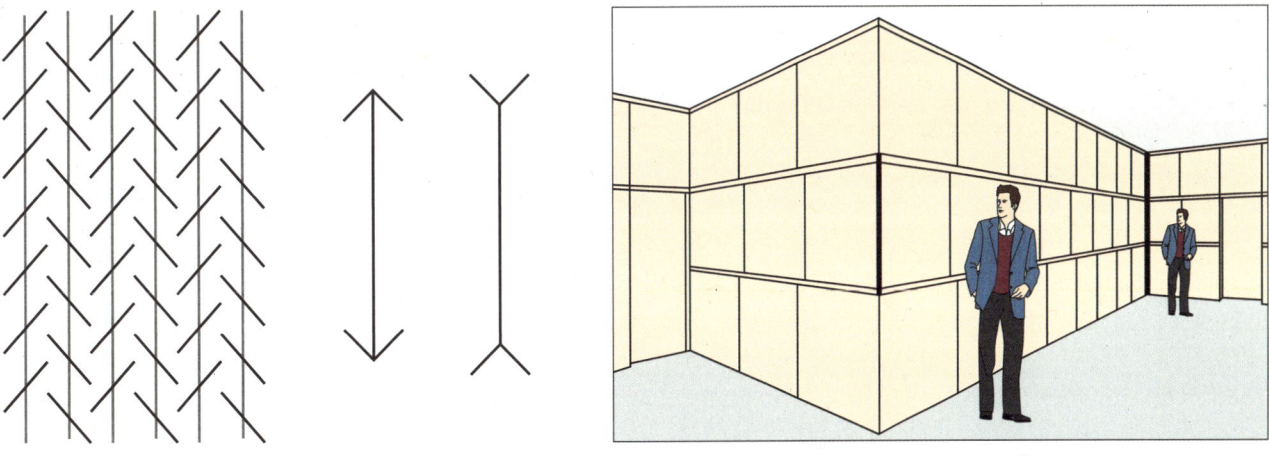

Sind die senkrechten Linien gerade?   *Sind die beiden senkrechten schwarzen Balken gleich lang?*

■ Unsere Wahrnehmung unterliegt einer Reihe von Einflussfaktoren, die zu Fehleinschätzungen führen können. Es ist wichtig, diese Faktoren zu kennen, um deren Einfluss mindern zu können. ■

Veränderte Wahrnehmungsfähigkeit

Je nach Alter ist die Wahrnehmungsfähigkeit der Menschen, mit denen Sie arbeiten, in ganz unterschiedlichem Zustand. Die Wahrnehmungsfähigkeit von Kindern ist noch nicht voll entwickelt, die von älteren Menschen nimmt ab. Darüber hinaus können Krankheiten und Behinderungen dazu führen, dass die Wahrnehmungsfähigkeit sich auch unabhängig vom Alter verändert. Bei eingeschränkter Wahrnehmungsfähigkeit können die Verhaltensweisen von Personen deutlich von der bekannten Norm abweichen.

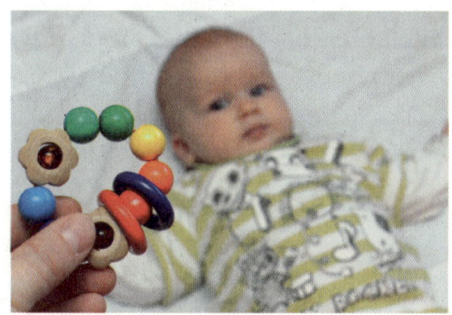  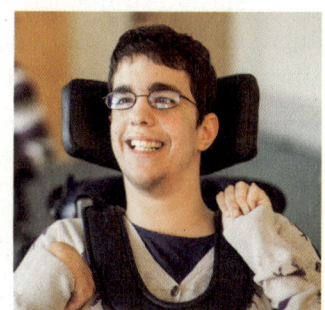

■ **Merke: Eine veränderte Wahrnehmungsfähigkeit kann die Verhaltensweisen von Personen deutlich beeinflussen.** ■

Beobachten

Bei der Arbeit mit Menschen ist es wichtig, die eigene Wahrnehmungsfähigkeit bewusst und geplant einsetzen zu können. Die Fähigkeit zur Beobachtung ist dann von großer Bedeutung, wenn Informationen von Betreuten sprachlich noch nicht oder nicht mehr geäußert werden können (z. B. bei Kindern oder Menschen mit Demenz).

Während Wahrnehmung eher unbewusst und unbeabsichtigt – einfach so – geschieht, versteht man unter Beobachtung eine bewusste und zielgerichtete Wahrnehmung. Wenn Sie z. B. das Spielverhalten eines bestimmten Kindes innerhalb einer Gruppe beobachten wollen, versuchen Sie möglichst alles andere, was nichts mit dieser Beobachtung zu tun hat (Spiel und Lärm der anderen Kinder), auszublenden und nur das wahrzunehmen, was im engeren Sinne mit dem Verhalten dieses einen Kindes zu tun hat.

■ **Unter Beobachtung versteht man eine bewusste und zielgerichtete Wahrnehmung.** ■

1. *Wahrnehmungsübung:* Wählen Sie einen Partner/eine Partnerin. Setzen Sie sich gegenüber und führen Sie eine Minute lang die folgende Übung durch. Beginnen Sie mit dem Satz: „Ich sitze dir gegenüber und nehme wahr ..." immer in gleicher Weise:
   „Ich sitze dir gegenüber und nehme wahr, dass meine Füße den Boden berühren."
   „Ich sitze dir gegenüber und nehme wahr, dass auf dem Schrank eine Kiste steht."
   „Ich sitze dir gegenüber und nehme wahr, dass die Sonne scheint."
   usw.
   Benennen Sie alles, was Sie gerade in diesem Moment sehen, hören, riechen, schmecken, fühlen können. Wechseln Sie die Rollen und tauschen Sie sich anschließend über Ihre Erfahrungen aus. Ihre Notizen können Sie hier festhalten.

_____
_____
_____
_____

_____
_____
_____
_____

2. *Beobachtungsübung (Rollenspiel): Finden Sie sich zu Dreiergruppen zusammen. Zwei Personen überlegen sich eine kurze pflegerische Szene (z. B. Unterstützung einer pflegebedürftigen Person bei der morgendlichen Körperhygiene), die sie dann zusammen im Rollenspiel darstellen (ca. fünf Minuten). Die dritte Person hat die Aufgabe, diese Szene zu beobachten, ohne sich einzumischen.*

   Tauschen Sie sich anschließend darüber aus, was Sie erlebt und beobachtet haben. Zuerst berichtet die Person, die im Rollenspiel betreut wurde. Wie hat sie diese Szene erlebt, was hat sie gefühlt, gedacht? Danach berichtet die Betreuungsperson, wie sie sich in ihrer Rolle gefühlt hat. Zum Schluss berichtet die Person, die beobachtet hat. Wie hat sie sich in der Rolle des Beobachters/der Beobachterin gefühlt? Inwieweit stimmen seine/ihre Beobachtungen mit den Erlebnisberichten der anderen beiden Teilnehmer/-innen überein?

Notizen:
_____
_____
_____
_____
_____
_____
_____
_____

1.2 Wahrnehmung als Lebensgrundlage

Im alltäglichen Leben ist die Wahrnehmung unserer Körperempfindungen und die Wahrnehmung der Außenwelt ein so automatisierter Prozess, dass wir uns dessen meistens nicht bewusst sind. Wir nehmen Informationen auf, interpretieren sie, wählen sie aus und ordnen sie sinnvoll ein, damit wir uns in unserer Umwelt zurechtfinden und uns ihr anpassen können. Die Wahrnehmung ist ein komplexer und (über-)lebenswichtiger Vorgang, der uns das „Tor zur Welt" öffnet.

1. Wie viele unterschiedliche Sinnesorgane kennen Sie?
2. Welches Sinnesorgan ist für Sie das wichtigste und wertvollste? Diskutieren Sie, warum das so ist.

Die Bedeutung der Sinneswahrnehmung für das Leben

Dass wir uns Tag für Tag – eigentlich sogar Sekunde für Sekunde – auf unsere Wahrnehmung verlassen, ist uns tatsächlich kaum bewusst. Sehen, Hören, Riechen, Schmecken und Fühlen ist für uns mehr als selbstverständlich. Erst wenn die Sinneswahrnehmung in ihrer Funktion eingeschränkt ist, fällt uns auf, mit welcher Selbstverständlichkeit wir uns normalerweise darauf verlassen. Stellen Sie sich vor, Sie müssten einen ganzen Tag Ihres Lebens mit verbundenen Augen überstehen – wie weit würden Sie kommen? Tatsächlich sind wir auch bei eingeschränkter Funktion einzelner Sinnesorgane dazu in der Lage, zu überleben. Wenn wir beispielsweise nichts mehr sehen können, so kann uns das Tasten, Hören und Riechen dabei helfen, uns in unserer Umwelt zurechtzufinden.

Sinnesreize – was wären wir ohne sie?

Sinnesreize, die wir aus der Umwelt und aus unserem Körperinneren aufnehmen, sind wie „Nahrung" für unser Gehirn. Geraten wir in eine Situation, die dazu führt, dass wir kaum noch Reize erhalten, dann verlieren wir die Beziehung zur Realität (wie z. B. Bergleute, die unter Tage verschüttet in der Dunkelheit ohne Bewegungsspielraum ausharren müssen). Der Reizentzug kann veränderte Bewusstseinszustände zur Folge haben. Im Extremfall kann es zu Halluzinationen und Trugbildern kommen, die für wahr gehalten werden. Durch die ständige Aufnahme und Verarbeitung von Sinnesreizen erfahren wir uns in jedem Moment selbst als Mensch in Beziehung zu unserer Umwelt.

Auch im pflegerischen Alltag begegnen wir Situationen, die – bei näherer Betrachtung – eine Form von Reizentzug darstellen. Gemeint ist hier der Umgang mit Menschen, deren Wahrnehmung z. B. durch Bewusstlosigkeit, Lähmung oder Demenz erheblich eingeschränkt ist. Sie sind unter Umständen nicht mehr in der Lage, ein eigenständiges Leben zu führen und benötigen fortwährende Betreuung.

Führen Sie dazu folgende Selbsterfahrungsübung durch:
Bilden Sie Dreiergruppen. Eine Person lässt sich auf dem Boden liegend vom Kopf bis zu den Unterschenkeln fest in eine Decke einwickeln. Die anderen beiden Personen unterstützen die eingewickelte Person nun dabei, aufzustehen und im Raum umherzugehen. Wechseln Sie die Rollen und tauschen Sie sich über Ihre Erfahrungen aus!

Die Wahrnehmung über die Sinne verschafft uns Genuss

Die Wahrnehmung hilft uns aber nicht nur zu überleben, sie verschafft uns auch Genuss und bereichert unser Leben. Das lässt sich am Besten erfahren, wenn Sie sich einen Moment Zeit nehmen und sich ganz und gar auf ein Genusserlebnis konzentrieren.

Führen Sie ein Experiment durch. Sie benötigen:
- *einzeln verpackte Schokoladenportionen (z. B. Schokoladenostereier oder Pralinen) und*
- *eine Uhr mit Minutenanzeige.*

Jeder Teilnehmer erhält eine verpackte Schokoladenportion. Die Aufgabe besteht darin, die Schokolade ganz langsam auszupacken und sie zwei Minuten lang mit allen Sinnen zu genießen, <u>ohne sie aufzuessen</u>. Die Aufgabe sollte von allen Teilnehmern und Teilnehmerinnen zeitgleich durchgeführt werden. Es darf dabei nicht gesprochen werden. Beobachten Sie Ihre Wahrnehmungen, Empfindungen, Reaktionen, Gefühle, Gedanken und Erinnerungen während der Übung.
Im Anschluss an diese Genussübung haben Sie zwei Minuten Zeit, Ihre Beobachtungen aufzuschreiben. Die folgenden Fragen sollen Sie dabei unterstützen.

Was haben Sie gesehen?
_____

Was haben Sie gehört?
_____

Was haben Sie gerochen?
_____

Was haben Sie geschmeckt?
_____

Was haben Sie gefühlt, gedacht? Hatten Sie Erinnerungen?
_____
_____

Tauschen Sie sich in der Gruppe über Ihre Beobachtungen aus. Die Schokolade darf jetzt übrigens aufgegessen werden.

1.3 Der Prozess der Wahrnehmungsverarbeitung

■ „Wahrnehmung ist der Prozess und das Ergebnis der Informationsgewinnung und -verarbeitung von Reizen aus der Umwelt und dem Körperinneren" (Hobmair, Psychologie, 2008, S. 84). ■

Informationsaufnahme

Die Wahrnehmung beginnt in den Sinnesorganen, mit denen wir die Informationen aus der Umwelt und dem Körperinneren aufnehmen. In unseren Sinnesorganen befinden sich hoch spezialisierte Nervenzellen. Diese Zellen werden auch Rezeptoren genannt. Sie reagieren auf chemische und physikalische Reize aus der Umwelt (z. B. Licht und Geräusche) und auf Reize, die aus unserem eigenen Körperinneren kommen (z. B. Schmerzen).

Informationsweiterleitung

Damit die Informationen aus den Sinnesorganen möglichst schnell in unser Gehirn gelangen, werden sie in elektrische Impulse umgewandelt und über Nervenbahnen weitergeleitet. Sie erreichen so das Gehirn in Bruchteilen von Sekunden und ermöglichen schnelles Reagieren. Die Informationen aus der Umwelt machen nur dann einen Sinn für uns, wenn sie an einer zentralen Stelle miteinander verknüpft und sinnvoll eingeordnet werden können. Die Verarbeitung der Informationen ist Teil der Wahrnehmung und geschieht in unserem Gehirn.

Informationsverarbeitung

Im Gehirn werden die Informationen an Bereiche weitergeleitet, wo sie mit bereits gemachten Erfahrungen und abgespeichertem Wissen verglichen und sinnvoll eingeordnet werden. Dadurch entsteht in unserem Inneren ein ganzheitlicher Eindruck von dem, was gerade geschieht. Sicher kennen Sie solche Situationen aus Ihrem Alltag. Sie machen eine bestimmte Beobachtung, vielleicht etwas, das Sie nicht sofort einordnen können, oder das Ihnen als ungewöhnlich auffällt. Fast automatisch stellt Ihr Gehirn Überlegungen an, ob Sie sich an etwas Ähnliches oder Vergleichbares erinnern, oder ob Sie bereits über theoretisches Wissen zu dieser Beobachtung verfügen. Auf diese Weise entwickeln Sie eine eigene Vorstellung von dem, was gerade geschieht. Dieser Verarbeitungsprozess schafft die Voraussetzung für sinnvolles Handeln.

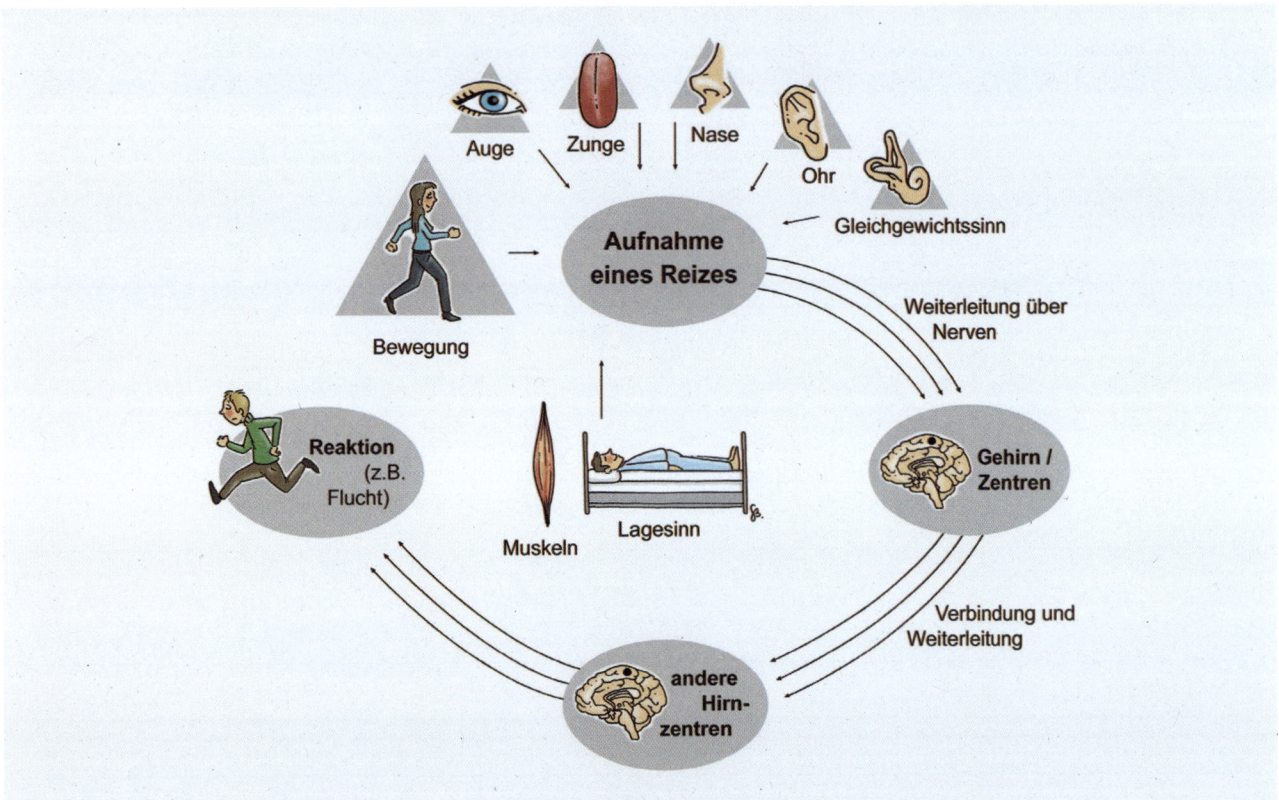

Wahrnehmungsprozess (vgl. Lauber/Schmalstieg, 2001)

Die Rezeptoren in einem Sinnesorgan reagieren nur auf bestimmte Reize. Bei der folgenden tabellarischen Gegenüberstellung ist die Zuordnung durcheinander geraten. Überlegen Sie gemeinsam mit Ihrem Tischnachbarn oder Ihrer Tischnachbarin, welche Reize und Sinnesorgane zusammengehören. Verbinden Sie diese jeweils mit einer farbigen Linie.

Rezeptoren des Auges	Stellungsveränderungen des Körpers, Bewegungsreize
Rezeptoren des Gehörs	Temperatur und Druck
Rezeptoren der Zunge	Schwerkraft, Beschleunigung und Drehbeschleunigung
Rezeptoren der Nase	Lichtstrahlen
Rezeptoren der Haut	chemische Geruchsstoffe
Rezeptoren des Gleichgewichtssinns	chemische Geschmacksstoffe
Rezeptoren des Stellungs- und Bewegungssinns	Schallwellen

Reize müssen für den Menschen eine bestimmte Mindeststärke aufweisen, damit er sie überhaupt wahrnehmen kann. Man spricht hier auch von der absoluten Schwelle der Wahrnehmung. Zum Beispiel kann ein Mensch den Geschmack von Zucker bei der Dosierung von einem Teelöffel Zucker auf sieben Liter Wasser noch herausschmecken.

> Sie werden von einer Kollegin zu Hilfe gerufen, um beim Transfer einer körperbehinderten jungen Frau von der Toilette in den Rollstuhl zu helfen. Plötzlich nehmen Sie im Gesicht der körperbehinderten Frau eine auffallende Blässe wahr. Sie fühlen, dass ihre Haut feucht und kaltschweißig ist und dass Ihnen das Gewicht der jungen Frau beim Transfer in den Rollstuhl schwer in die Arme sinkt.

1. Über welche Sinnesorgane nehmen Sie wahr, dass sich der Zustand der Frau verändert hat?

2. Wenn Sie bereits Erfahrungen mit solchen Situationen gemacht haben, welche Gedanken gehen Ihnen durch den Kopf?

1.4 Die Entwicklung der Wahrnehmung

Frau Weber hat gestern ein kleines Mädchen zur Welt gebracht. Herr Weber ist unterwegs ins Krankenhaus, um die beiden nach Hause zu holen. Anke Wolf, die Sozialpflegerin, wartet zu Hause mit den zwei kleinen Geschwistern auf deren Ankunft. Die Geschwister sind sehr aufgeregt und erzählen Anke, was sie alles mit dem kleinen Schwesterchen unternehmen wollen. Peter, der gerade in der Schule lesen lernt, will ihr sein Lieblingsbuch vorlesen. Sabrina, die sich besonders über ein Schwesterchen freut, möchte mit ihr Kaufladen spielen.

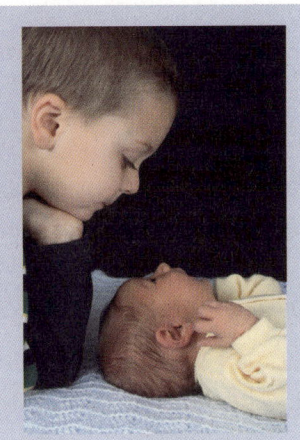

➔ Wie würden Sie den Kindern mit einfühlsamen Worten erklären, dass das kleine Schwesterchen hierzu noch nicht in der Lage sein wird?

Vernetzung der Sinne im Gehirn

Wir kommen nicht mit einer fertigen Wahrnehmungsfähigkeit auf die Welt, sie muss erst noch entwickelt werden. Am Anfang kann man das Gehirn mit der Landkarte eines noch nicht erschlossenen Erdteils vergleichen. Alles ist da (Wasser, Wald, Gebirge und Täler); aber die Wege, die alles miteinander verbinden, sind noch nicht erschlossen und müssen erst noch gebahnt und ausgebaut werden. Je häufiger die angelegten Wege benutzt werden, desto breiter werden sie. Aus einem Weg wird eine Straße, aus einer Straße eine Autobahn, aus einer Siedlung ein Dorf und schließlich eine Stadt. So ähnlich muss man sich auch die Entwicklung unseres Gehirns vorstellen. Die Reize aus der Umwelt bahnen sich ihre Wege im Gehirn.

In den ersten Lebensjahren trifft eine Flut von neuen Reizen auf unser Gehirn und provoziert das Wachstum von Nervenbahnen und eine zunehmende Vernetzung der Sinne. Im ersten Lebensjahr ist dieser Wachstumsprozess so umfangreich, dass sich das Gewicht des Gehirns verdoppelt.

Zuerst entwickeln sich die sogenannten körpernahen Sinne. Die Ausreifung der körpernahen Sinne bildet das Fundament für die Entwicklung der körperfernen Sinne.

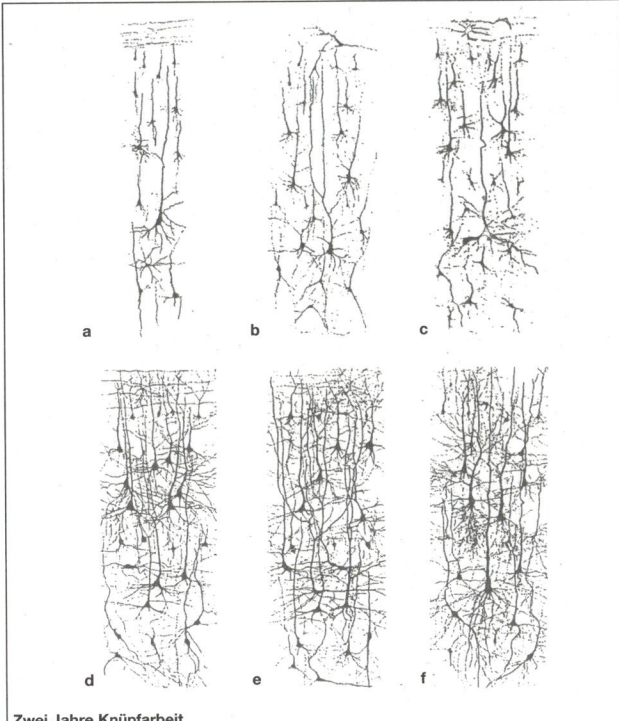

Zwei Jahre Knüpfarbeit
Während direkt nach der Geburt (a) die Nervenzellen in der menschlichen Großhirnrinde nur wenig Kontakte untereinander besitzen, beginnen sich schon nach ein (b) bis zwei (c) Monaten deutlich mehr Verbindungen auszubilden. Bei sechs Monate alten Kindern ist die Vernetzung bereits sehr stark ausgeprägt (d) und nimmt bis zum zweiten Geburtstag noch weiter zu (e: 15 Monate; f: 24 Monate).

Stadien der menschlichen Hirnreifung

➔ Körpernahe Sinne: Gleichgewichtssinn, Tastsinn, Stellungs- und Bewegungssinn.
➔ Körperferne Sinne: Hörsinn, Sehsinn, Geschmackssinn, Geruchssinn.

Sensorische Integration

Das Zusammenwirken der verschiedenen Sinneseindrücke nennt man sensorische Integration (vgl. Ayres, Bausteine der kindlichen Entwicklung, 1998). Dieses sinnvolle Zusammenwirken von Sinnen und Sinneseindrücken muss erlernt werden. Bei kleinen Kindern herrscht noch der Eindruck über einen einzelnen Sinneskanal vor, das Zusammenspiel mit anderen Sinneseindrücken läuft noch nicht harmonisch ab. Ein sechsjähriges Kind, das z. B. gerade Fahrrad fahren lernt, kann entweder das Gleichgewicht halten oder genau hinsehen. Beides zusammen ist noch nicht gut möglich, was das Fahrrad fahren im Straßenverkehr sehr gefährlich machen würde.

Bei der sensorischen Integration ist das Gehirn in der Rolle eines Dirigenten, der ein Orchester dirigiert. Ein Instrument entspricht in diesem Vergleich einem Reiz aus einem Sinneskanal. Der Dirigent steuert den Einsatz, die Lautstärke und die zeitliche Abfolge der Instrumente, um ein harmonisches Zusammenspiel möglich zu machen. Wird ein Sinneseindruck – z. B. Informationen über das Gleichgewicht – zu wenig wahrgenommen (ein Instrument ist zu leise), so fordert der Dirigent diesen Reiz mehr ein. Beim sich entwickelnden Kind wird in diesem Beispiel automatisch das Bedürfnis zu schaukeln verstärkt, damit das Gehirn diesen Informationsmangel ausgleichen kann, um so alle eingehenden Informationen besser miteinander verknüpfen zu können.

Mit zunehmender Vernetzung der Nervenbahnen im Gehirn bis ins Erwachsenenalter gelingt das Zusammenspiel immer besser. Eindrücke werden unmerklich so miteinander verknüpft, dass es uns möglich ist, Informationen aus unterschiedlichen Sinnesorganen gleichzeitig zu verarbeiten. Ein gelungenes Zusammenwirken der Sinne ist wie ein harmonisches Zusammenspiel eines Orchesters.

■ **Merke:** Die sensorische Integration ist die Grundlage für die kindliche Entwicklung und für alle nachfolgenden Lernprozesse. ■

 *Buchtipp:* Ayres, Anna Jean: Bausteine der kindlichen Entwicklung, 4. Auflage, Berlin: Springer, 2002.

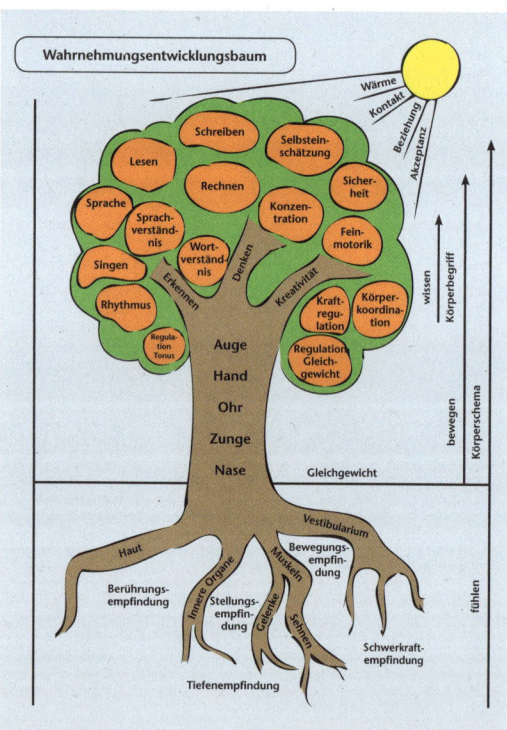

Wahrnehmungsentwicklungsbaum (vgl. Schaefgen, 2000)

Recherchieren Sie im Internet (z. B. unter www.babycenter.de/baby/entwicklung) über die Entwicklung der Wahrnehmung:

1. *Ab wann nimmt ein Baby Blickkontakt auf?*
   _____

2. *Ab wann kann ein Baby hören, aus welcher Richtung ein Geräusch kommt?*
   _____

3. *Ab wann kann ein Kind sitzen?*
   _____

4. *Ab wann kann es laufen?*
   _____

5. *Schauen Sie sich den oben abgebildeten Wahrnehmungsentwicklungsbaum genau an. Diskutieren Sie in der Klasse die Aussagen der Grafik und fassen Sie die Ergebnisse stichpunktartig zusammen.*

_____
_____
_____
_____

Raphael, ein aufgeweckter Junge im Alter von sieben Jahren, besucht mit seinen Eltern den Zoo. Schon nach dem Lösen der Eintrittskarte hört er aus der Ferne Elefanten trompeten. Die möchte er unbedingt sehen. Zunächst allerdings beeindrucken ihn die Tiger, deren würdevolle Bewegungen er mit den Augen verfolgt. Auch die frechen Paviane in ihrem Felsengehege faszinieren ihn. Wie flink sie sind und wie menschenähnlich sie sich verhalten. Trotz der vielen Eindrücke, die jetzt schon auf Raphael eingestürmt sind, interessieren ihn nun auch die Menschenaffen. Der Geruch, der der Familie beim Betreten des Affenhauses entgegenschlägt, ist überwältigend. Doch schon fesselt ein Affe Raphaels Aufmerksamkeit so, dass er dies gleich vergisst. Und als er beobachtet, wie genüsslich der Affe eine Banane verspeist, bekommt Raphael selbst Appetit. Er überredet seine Mutter dazu, ihm ein Eis zu kaufen. Da lockt auch schon der Spielplatz mit Klettergerüst, Schaukel und Karussell. Und immer weiter vorbei an den verschiedensten Tieren, die Raphael noch nie zuvor gesehen hat – die Familie vergisst ein bisschen die Zeit darüber. Zum Pony reiten ist es nun schon zu spät, aber immerhin kann Raphael kurz noch ein Pony streicheln. Als der Tag vorüber ist, merkt Raphael erst, wie müde er ist.

1. Tragen Sie in der Klasse zusammen, mit welchen Sinnen Raphael den heutigen Tag erlebt hat. Ordnen Sie jedes einzelne Erlebnis den entsprechenden Sinnen zu.

2. Haben Sie selbst schon einmal erlebt, dass viele Reize gleichzeitig auf Sie eingeströmt sind? War das angenehm oder eher unangenehm? Berichten Sie über diese Erfahrung.

3. Sicher haben Sie schon einmal von ADHS (Aufmerksamkeitsdefizit-/Hyperaktivitätsstörung) gehört. Bei Menschen mit ADHS ist die Sinneswahrnehmung gestört. Von ADHS Betroffene nehmen in jeder Situation zu viele Informationen (Reize) wahr, viel mehr als ihr Gehirn auf einmal verarbeiten kann. Recherchieren Sie im Internet, wie sich diese Störung der Wahrnehmung besonders bei Kindern äußert.

Internettipp: www.adhs.de

2 Sinnessysteme und Wahrnehmungsstörungen

Unter dem Begriff Sinnessystem versteht man immer die Gesamtheit
- → von Sinnesorgan,
- → weiterleitenden Nerven und
- → verarbeitenden Zentren im Gehirn.

Wahrnehmungsstörungen können entweder im aufnehmenden Organ selbst, bei der Weiterleitung über die Nervenbahnen oder aber bei der Verarbeitung im Gehirn auftreten. Bei einer Störung der Verarbeitung im Gehirn spricht man auch von einer zentralen Störung, wie sie z. B. bei einem Schlaganfall ausgelöst werden kann. Die zentralen Störungen haben meist umfangreichere Folgen für den Menschen und seine Lebensgestaltung als Störungen der weiterleitenden Nervenbahnen und des Sinnesorgans selbst.

2.1 Berühren und tasten

Frau Schneider ist Bewohnerin eines Altenheims. Sie ist schon über 80 Jahre alt und durchlitt während der letzten drei Tage einen schweren grippalen Infekt mit Fieber. Sie war so geschwächt, dass nur dringend notwendige pflegerische und hygienische Maßnahmen durchgeführt werden konnten. Das Schlimmste hat sie nun überstanden, aber sie fühlt sich noch immer sehr schwach und kann sich kaum bewegen. Insgeheim hofft sie, dass an diesem Morgen ihre „Lieblingspflegerin" Dienst hat. Denn sie wünscht sich eine Körperpflege, bei der ihre momentane Schwäche berücksichtigt und respektiert wird.

→ Wie könnte aus Ihrer Sicht eine respektvolle, die Wahrnehmung fördernde Körperpflege aussehen? Sammeln Sie Ideen in der Gruppe.

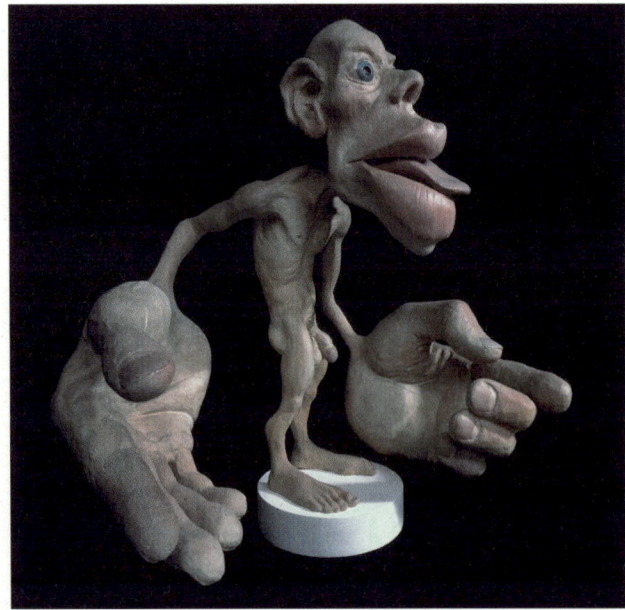

Dieses Modell zeigt, wie der Körper eines Menschen aussehen würde, wenn jedes Körperteil verhältnisgleich zu der Region im Gehirn wachsen würde, die für seine Sinneswahrnehmung zuständig ist.

Die Rezeptoren des Tast- und Berührungssinns liegen in unserer Haut. Sie registrieren Wärme, Kälte, Druck, Schmerz, Dehnung und Bewegung. Die Haut ist unsere Körpergrenze zur Außenwelt und gleichzeitig unser größtes Kontakt- und Sinnesorgan. Über sie erfahren wir Berührung und Zuwendung und über sie erkunden wir durch Ertasten und Erfühlen die Umwelt. Darüber hinaus schützt uns die Haut vor Krankheitserregern und Sonnenstrahlen.

Unsere Haut ist nicht überall gleich empfindlich. Je mehr Sinneszellen eine Körperregion aufweist, desto stärker beansprucht sie unser Gehirn. Entsprechend spiegelt sich das Tast- bzw. Fühlvermögen einzelner Hautareale im Gehirn unterschiedlich stark wieder. Die in nebenstehendem Foto vergrößert dargestellten Körperteile sind im Gehirn mit vielen Nervenzellen vernetzt und können mehr Reize verarbeiten als andere Areale des menschlichen Körpers.

Berühren und berührt werden

Berühren und berührt werden gehören vom Anbeginn unseres Lebens zu den existenziellen Erfahrungen. Man konnte feststellen, dass Babys schneller wachsen, wenn sie oft berührt werden und dass sich ihre Entwicklung verzögert, wenn sie kaum Berührungen erfahren. Über Berührungen können wir unsere Körpergrenzen wahrnehmen und ein inneres Bild davon entwickeln, wo unser Körper anfängt bzw. wo er aufhört und uns als eigenständige Person erfahren.

Berührungen durch andere Menschen können starke Gefühle und Reaktionen in uns auslösen: z. B. Zuneigung, Geborgenheit oder sexuelle Erregung, aber auch Abwehr, wenn uns jemand zu nahe kommt. Eine einfache Umarmung löst einen komplexen Vorgang im menschlichen Körper aus. Die Rezeptoren senden elektrische Impulse über die Nervenbahnen an das Gehirn. Dort werden die Informationen mit gespeicherten Erfahrungen verglichen und gedeutet. Erst dabei wird entschieden, was der Körper fühlt.

■ Der Kontakt über die Haut ist eine sensible und intime Angelegenheit. ■

Störungen des Tast- und Berührungssinns

Störungen können auftreten, wenn die Rezeptoren der Haut durch Verletzungen oder Verbrennungen (Narben) oder infolge mangelnder Durchblutung geschädigt worden sind. Man spricht in diesem Zusammenhang auch von Sensibilitätsstörungen oder Missempfindungen. Sensibilitätsstörungen der Haut können aber auch zentral im Gehirn – z. B. durch einen Schlaganfall – verursacht werden.

1. *Führen Sie folgende Selbsterfahrungsübung durch: Sie benötigen eine Körperlotion oder ein Körperöl. Suchen Sie sich einen Partner oder eine Partnerin und einigen Sie sich darauf, ob Sie sich von ihm/ihr Hand und Arm oder aber Fuß und Bein einreiben lassen wollen. Die Behandlung dauert vier Minuten und soll schweigend durchgeführt werden. Wechseln Sie danach die Rollen. Tauschen Sie sich anschließend über Ihre Erfahrungen und Gefühle aus.*

2. *Führen Sie eine weitere Selbsterfahrungsübung durch: Sie benötigen Einweglatexhandschuhe, Mullbinden oder Kompressen und Wasser. Suchen Sie sich einen Partner oder eine Partnerin Ihres Vertrauens und führen Sie eine Mundhygienebehandlung durch. Ziehen Sie die Handschuhe an, befeuchten Sie die Kompresse mit Wasser und wickeln Sie sie um Ihren rechten Zeigefinger. Öffnen Sie mit der linken Hand vorsichtig den Mund Ihres Partners/Ihrer Partnerin, indem Sie mit Mittelfinger und Daumen vom Kiefergelenk her über die Wangen nach vorne gleiten, damit Unter- und Oberkiefer sich öffnen. Halten Sie den Mund Ihres Partners/Ihrer Partnerin offen, indem Sie vorsichtig das Kinn nach unten drücken. Führen Sie nun vorsichtig Ihren Zeigefinger mit der Kompresse in den Mund ein und fahren Sie damit vorsichtig außen über die Zahnreihen. Wichtig: Sprechen Sie zu Ihrem Partner/Ihrer Partnerin, kündigen Sie jeden neuen Schritt an und achten Sie auf Gefühlsregungen. Die Behandlung dauert drei Minuten. Wechseln Sie danach die Rollen. Tauschen Sie sich über Ihre Erfahrungen und Gefühle aus.*

3. *Recherchieren Sie im Internet:*

   a) *Welche Veränderungen der Haut sind bei bettlägerigen Patienten und Patientinnen zu erwarten und welche Vorkehrungen müssen getroffen werden?*

   _____
   _____
   _____
   _____
   _____
   _____

b) Welche Veränderungen der Haut treten bei Menschen mit langjähriger Zuckerkrankheit (Diabetes mellitus) häufig auf? Worauf muss hier besonders geachtet werden?

___

c) Warum ist es heutzutage so wichtig – insbesondere bei Kindern – Sonnenmilch mit einem hohen Lichtschutzfaktor zu verwenden?

___

2.2 Körperempfinden und Bewegungsgeschicklichkeit

Der Stellungs-, Bewegungs- und Kraftsinn wird auch unter dem Begriff **Tiefensensibilität** zusammengefasst.

Führen Sie folgende Selbstversuche durch:

1. *Schließen Sie Ihre Augen, breiten Sie Ihre Arme aus und versuchen Sie nun, mit Ihrem rechten Zeigefinger in einer zügigen Bewegung Ihre Nasenspitze zu treffen. Getroffen?*

2. *Setzen Sie sich auf einen Stuhl und schließen Sie die Augen. Ein Mitschüler oder eine Mitschülerin soll nun Ihren rechten Arm, das Handgelenk und die Finger in natürlicher Bewegungsrichtung in eine bestimmte Position bringen. Spüren Sie in Ihren rechten Arm hinein, nehmen Sie die Gelenkstellungen wahr und versuchen Sie nun, Ihren linken Arm in die gleiche Position zu bringen. Öffnen Sie Ihre Augen und überprüfen Sie das Ergebnis. Tauschen Sie die Rollen.*

Stellung des Körpers und Bewegungsgeschicklichkeit

Die Tatsache, dass Sie Ihre Nase ohne Probleme bei geschlossenen Augen treffen können, verdanken Sie Informationen aus Ihrem Körperinneren. In unseren Gelenken, Sehnen und Muskeln befinden sich Rezeptoren, mit denen wir solche Informationen aufnehmen. Diese werden auch als Mechanorezeptoren oder Propriozeptoren bezeichnet.

Informationen aus dem Körperinneren verhelfen uns zu einem inneren Körperbild, zum Bewusstsein darüber, dass wir mit zwei Armen, zwei Händen, zehn Fingern, zwei Beinen usw. ausgestattet sind, und in welcher Position sich diese Körperteile und Gliedmaßen befinden. Die Mechanorezeptoren in unserem Körperinneren ermöglichen uns die Wahrnehmung unserer Körperstellung. Bei Körperbewegungen spüren wir die Veränderungen und wissen um die Stellung unserer Körperteile, ohne hinsehen zu müssen. Auch im Dunkeln finden wir mit der Gabel unseren Mund und können die Bewegung und deren Kraft so steuern, dass wir uns nicht mit der Gabel verletzten.

Die ständige Vermittlung von Informationen aus unserem Körper an das Gehirn trägt auch dazu bei, dass wir im Alltag unsere Sitz- oder Stehposition immer wieder unbewusst verändern oder uns im Schlaf automatisch drehen.

Zusammenspiel mit anderen Sinnen

Zusammen mit Informationen des Gleichgewichtssinns und des Tastsinns ermöglicht uns die Körperwahrnehmung geschickte und geschmeidige Bewegungen. Was man umgangssprachlich als Ungeschicktheit oder Tölpelhaftigkeit beschreibt – der sprichwörtliche Elefant im Porzellanladen – hat nicht selten seine Ursache in einer ungenauen Abstimmung dieser verschiedenen Sinnessysteme untereinander. Dabei ist besonders die Fähigkeit, das Gleichgewicht zu halten, grundlegend für eine gute Körperkoordination (Bewegungsgeschicklichkeit).

Störungen der Tiefensensibilität

Die Tiefensensibilität kann aus unterschiedlichen Gründen gestört sein. Bei älteren Menschen kann z. B. infolge eines Schlaganfalls, das Empfinden der Körperreize verändert sein oder ganz ausfallen. Das kann so weit gehen, dass die betroffene Person eine ihrer Körperseiten schlechter oder gar nicht mehr wahrnimmt und diese als Folge völlig missachtet. Dieses Symptom wird als "Neglekt" bezeichnet (vom lateinischen "neglegere" = vernachlässigen).

Auch Amputationen können zu einer Irritation des inneren Körperbildes führen.

1. Recherchieren Sie im Internet, welche Erklärungen es für den sogenannten "Phantomschmerz" gibt, der nach Amputationen von Gliedmaßen auftreten kann.

2. Es gibt Erkrankungen und Behinderungen, die dazu führen, dass ein Mensch seine eigene Sitz- und Liegeposition nicht mehr selbstständig verändern kann. Gemeint sind hier z. B. Menschen, die im Koma liegen, Patienten mit Lähmungen infolge von Schlaganfall oder Unfall sowie Menschen mit angeborenen Behinderungen oder erworbenen Erkrankungen wie z. B. Multiple Sklerose.

    Welche Folgen ergeben sich, wenn Menschen nicht mehr in Lage sind, sich zu bewegen, weil ihre Wahrnehmung durch die Erkrankung eingeschränkt ist (Koma), oder sie ihre Position trotz Schmerz nicht mehr verändern können (Lähmung).

    a) Was ist ein Dekubitus? Recherchieren Sie im Internet.

    b) Wie kann man einem Dekubitus entgegenwirken?

3. Recherchieren Sie im Internet, was man unter dem Begriff „basale Stimulation" versteht.

2.3 Im Gleichgewicht sein

Die Sozialpflegerin Frau Röckel besucht mit einer Kindergruppe den nahe gelegenen Spielplatz. Die kleine Susanne ist schon eine ganze Weile mit ihrer Freundin Sylvia auf dem Drehkarussell, das sich mit hoher Geschwindigkeit dreht. Susanne will plötzlich sofort absteigen, kann das Karussell aber nicht anhalten. Frau Röckel schreitet beherzt ein und holt Susanne von dem Drehkarussell herunter. Noch bevor sie auf sicherem Boden steht, hat Susanne sich bereits erbrochen.

→ Was glauben Sie? Warum wollte Susanne das Drehkarussell so schnell verlassen?
→ Stellen Sie Vermutungen darüber an, was ihr Unwohlsein ausgelöst haben kann?

Aufrichtung gegen die Schwerkraft

Das Gleichgewichtsorgan liegt in direkter Nachbarschaft zum Hörorgan im Innenohr. Hier gibt es zwei unterschiedliche Arten von Rezeptoren. Die einen reagieren auf Bewegungen in gerader Richtung, die anderen auf Drehbewegungen.

Der Gleichgewichtssinn hilft uns, unseren Körper gegen die Schwerkraft bzw. die Erdanziehung aufzurichten. Wenn wir kleine Kinder beobachten, die gerade Laufen lernen, dann wird deutlich, wie viel Mühe der aufrechte Gang kostet.

Gleichgewichtssinn, Sehsinn, Bewegungs- und Stellungssinn arbeiten zusammen

Wie sehr wir uns auf unseren Gleichgewichtssinn verlassen, wird besonders deutlich, wenn wir versuchen, mit geschlossenen Augen zu gehen. Sind die Augen geschlossen, entfällt eine wesentliche Orientierungsmöglichkeit. In der Regel werden wir dann unsicher und müssen mehr Ausgleichsbewegungen mit den Armen und dem Körper machen, um das Gleichgewicht zu halten. Die Informationen aus dem Gleichgewichtsorgan werden im Gehirn also insbesondere mit Informationen des Sehsinns sowie des Stellungs- und Bewegungssinns verknüpft. Wenn diese Informationen harmonisch verarbeitet werden, können wir gut in Balance bleiben und Ausgleichsbewegungen werden überflüssig oder fallen kaum auf.

Beeinträchtigungen des Gleichgewichtssinns

Manche Menschen reagieren sehr empfindlich auf schwankende Bewegungen, wie sie z. B. bei Seegang auf einem Schiff entstehen. Man vermutet, dass sich in diesem Fall die Informationen aus dem Gleichgewichtssinn und die Informationen des Sehsinns teilweise widersprechen. Schwindel, Übelkeit und Erbrechen können die Folgen sein.

Eine Beeinträchtigung des Gleichgewichtssinns kann auch nach Alkoholkonsum auftreten. Aber auch die Fahrt mit einer Achterbahn kann Irritationen des Gleichgewichtes auslösen.
Andauernde oder wiederkehrende Schwindelgefühle können eine Folge von krankhaften Veränderungen im Gleichgewichtsorgan sein oder infolge von altersbedingten Veränderungen (wie z. B. Durchblutungsstörungen oder Schlaganfall) auftreten. Die Ursachen sind vielfältig und müssen im Einzelfall immer sorgfältig abgeklärt werden.

Wenn junge Menschen ihr Gleichgewicht verlieren, dann können sie das in der Regel durch schnelle Ausgleichsbewegungen wieder unter Kontrolle bekommen. Ältere Menschen, die unter Schwindel leiden, sind jedoch besonders gefährdet. Die Reaktionsgeschwindigkeit ist altersbedingt langsamer und die Sturz- und Verletzungsgefahr ist ungleich höher.

1. Erfahren Sie die Aufrichtung gegen die Schwerkraft in folgenden Selbstversuchen:
   a) Ziehen Sie die Schuhe aus und stellen Sie die Füße eng zusammen. Beginnen Sie nun, mit dem Körper zunächst leicht nach vorne und hinten zu schwingen, dann auch zur Seite.
   b) Stellen Sie sich auf ein Bein und versuchen Sie, so lange wie möglich Ihr Gleichgewicht zu halten.
   Wiederholen Sie beide Übungen mit geschlossenen Augen. Was verändert sich, wenn Sie die Augen schließen?

2. Führen Sie zur Erfahrung der Drehbewegung folgenden Selbstversuch durch: Wählen Sie einen Partner oder eine Partnerin und fassen Sie sich über Kreuz an den Händen. Lehnen Sie sich leicht zurück und beginnen Sie, sich miteinander zu drehen, erst noch langsam, schließlich immer schneller. Wenn einer von beiden aufhören möchte, stoppen Sie. Beobachten Sie, was unmittelbar nach dem Stoppen mit Ihnen geschieht. Tauschen Sie sich darüber aus.

Schwindel und Stürze im Alter

> Im Übergabegespräch erfahren Sie von Ihren Kollegen, dass der Nachtdienst Frau Schreiber bereits zum zweiten Mal in dieser Woche zusammengesunken vor ihrem Bett vorgefunden hat. Frau Schreiber erklärte, sie habe den Drang verspürt, zur Toilette zu müssen. Sie sei schnell aufgestanden und ihr sei schwarz vor Augen geworden. Bisher hat sie nur ein paar blaue Flecken davongetragen.
>
> → *Was denken Sie ist hier passiert? Was sollte unbedingt mit Frau Schreiber besprochen werden, damit nicht noch Schlimmeres passiert? Diskutieren Sie in der Gruppe.*

Recherchieren Sie die Themen „Stürze und Schwindel im Alter" und „Gleichgewichtstraining und Sturzprävention" in Büchern und Internet. Fassen Sie Ihre Ergebnisse hier oder – wenn nötig – auf einem separaten Blatt zusammen.

Internettipp: www.vitanet.de/rundumsalter

2.4 Riechen

Sie arbeiten als Sozialpfleger/-in in einem Altenpflegeheim. Beim Betreten eines Bewohnerzimmers steigt Ihnen unmittelbar eine Mischung aus verschiedenen Gerüchen in die Nase. Besonders durchdringend ist ein Geruch, der an Ammoniak erinnert und Ihnen sofort unangenehm auffällt.

➔ *Welche Ursachen vermuten Sie hinter diesem Geruch?*
➔ *Diskutieren Sie, welche Maßnahmen Sie ergreifen können?*

Während wir im Erwachsenenalter vorwiegend auf das Sehen festgelegt sind, nehmen wir unsere Umwelt als Säuglinge schon früh über den Geruchssinn wahr. Bereits kurz nach der Geburt können Säuglinge ihre Mutter am Geruch erkennen.

Wir sind sehr schnell dazu in der Lage, zwischen angenehmen und unangenehmen Gerüchen zu unterscheiden und so Gefahren zu erkennen (z. B. Brandgefahr oder verdorbene Nahrung). Die Geruchsempfindung wird nach einigen Minuten der Gewöhnung schwächer. Wenn wir ein Zimmer mit einem charakteristischen Geruch betreten, nehmen wir diesen nach einiger Zeit kaum noch wahr. Verlassen wir den Raum und kehren später zurück, empfinden wir den Geruch erneut.

Die Nase ermöglicht uns die Wahrnehmung von
➔ bis zu 10.000 verschiedenen Gerüchen (meist sind wir aber nicht in der Lage, diese sprachlich genau zu beschreiben)
➔ Abstufungen der Geruchsintensität
➔ Mischungen von verschiedenen Geruchsstoffen

Riechen unterstützt das Schmecken
Die Riechschleimhaut der Nase unterstützt außerdem das Geschmacksempfinden, da die Geschmacksstoffe hinter dem Gaumen in die Nasenhöhle aufsteigen. Um den Geschmack einer Speise oder eines Getränks in seiner Fülle wahrnehmen zu können, muss der Geschmackssinn durch das Riechen ergänzt werden.

Der Riechvorgang
Die Duftmoleküle in der Luft reizen die Rezeptoren der Nasenschleimhaut. Die chemischen Reize werden in elektrische Impulse umgewandelt und über Nervenbahnen zum Riechzentrum im Gehirn weitergeleitet. Eine wichtige Rolle bei der Verarbeitung der Geruchswahrnehmung spielt das limbische System im Gehirn. Es steuert Gefühlsregungen, Gedächtnis und Sexualtrieb. Da Geruchsempfindungen unmittelbar mit Erinnerungen verknüpft sind, haben sie eine starke emotionale Komponente.

Störungen des Geruchssinns
Störungen des Geruchssinns haben immer auch Auswirkungen auf den Geschmackssinn. Bereits bei einem Schnupfen ist die Riechfunktion so eingeschränkt, dass wir weniger schmecken können. Den totalen Ausfall des Geruchssinns nennt man Anosmie.

Die Störungen des Geruchssinns sind vielfältig. Neben einem totalen Ausfall der Geruchsempfindung kann es zu folgenden Symptomen kommen:
➔ verringerte Geruchswahrnehmung
➔ fehlende Wahrnehmung ganz bestimmter Gerüche
➔ Überempfindlichkeit
➔ Wahrnehmung nicht vorhandener Gerüche
➔ Nichterkennen von Gerüchen

Die Geruchswahrnehmung verringert sich mit zunehmendem Alter.

1. Recherchieren Sie im Internet, z. B. unter www.eesom.com, ab welchem Lebensjahrzehnt sich die Geruchswahrnehmung bei den meisten Menschen verringert und halten Sie Ihr Ergebnis hier fest.
   _____

2. Die Geruchswahrnehmung kann uns vor Gefahren warnen, Ekel auslösen oder angenehme Empfindungen, wie z. B. ein Gefühl der Geborgenheit, hervorrufen.
   Schreiben Sie auf, welche Gerüche:
   a) vor Gefahren warnen, b) Ekel auslösen, c) bei Ihnen persönlich angenehme Gefühle wecken.
   Tauschen Sie sich anschließend in der Klasse über die Ergebnisse aus.
   _____
   _____
   _____
   _____
   _____

2.5 Schmecken

Die Sozialpflegerin Christina Brück sitzt in einem Altenpflegeheim mit vier Bewohnerinnen und Bewohnern beim Mittagessen im Speisesaal. Sie wurde gebeten, herauszufinden, warum Herr Schmidt kaum noch etwas isst. Herr Schmidt wählt wie alle anderen Bewohner an diesem Tisch die Reibekuchen mit Apfelmus. Schon nach einer Kostprobe schiebt er seinen Teller von sich weg und sagt: „Das schmeckt doch alles nach gar nichts!" Als Frau Brück sich nun umsieht, fällt ihr Blick auf die Bewohnerin Frau Rosenheim, die ihre Reibekuchen mit geschlossenen Augen und einem Lächeln im Gesicht offensichtlich genießt. Frau Brück beschließt, nun alle am Tisch zu fragen, wie ihnen das Essen schmeckt. Zu ihrem Erstaunen erhält sie vier verschiedene Antworten. Frau Rosenheim schmecken Reibekuchen immer besonders gut, da der Geschmack und Geruch für sie mit schönen Kindheitserinnerungen verbunden ist. Für Herrn Schmidt hingegen sind sie nur fade. Es fehle Salz und der Geschmack von gebratenen Zwiebeln. Für eine andere Dame sind sie zu fettig und ihrem Nachbarn wiederum viel zu stark gewürzt.

→ Woran liegt es wohl, dass Frau Brück hier vier verschiedene Antworten erhält? Ist die Beurteilung „reine Geschmackssache"?
→ Überlegen Sie gemeinsam in der Klasse, was dies für die Essenszubereitung in der Großküche für die Gemeinschaftsverpflegung bedeuten könnte.
→ Erkundigen Sie sich in einem Altenheim, wie sich die Großküche auf die Ernährungsgewohnheiten von älteren Menschen einstellt.

Der Geschmackssinn kann uns – verbunden mit dem Geruchssinn – unverwechselbare Genussmomente verschaffen. Zunächst aber hat er die überlebenswichtige Funktion der „Eingangsprüfung". Vor dem Herunterschlucken der Nahrung sind Geruchs- und Geschmackssinn gefragt, ob die Speise nicht vielleicht giftig oder verdorben ist. Ein extrem bitterer Geschmack beispielsweise könnte uns vor dem Verzehr giftiger Pflanzen warnen. Wie gut wir schmecken können, hängt von der Anzahl der sogenannten Geschmackspapillen auf der Zunge ab, und das ist wiederum genetisch bedingt. Unterscheiden können wir zunächst einmal folgende Grundqualitäten: süß, sauer, salzig und bitter.

Feinere Unterscheidungen gelingen nur mithilfe des Geruchssinns. Früher nahm man an, dass nur eine bestimmte Zone auf der Zunge für die Wahrnehmung eines bestimmten Geschmacks zuständig sei, dass also nur an der Zungenspitze süß, an den Rändern sauer und salzig und im hinteren Bereich der Zunge bitter wahrgenommen werden kann. Diese Annahme gilt inzwischen als widerlegt: wir schmecken die einzelnen Geschmacksrichtungen auf den verschiedenen Zonen der Zunge zwar unterschiedlich stark, können jedoch alle vier Grundqualitäten überall auf der Zunge schmecken.

Wie schmecken wir?

Die Rezeptoren für den Geschmackssinn liegen hauptsächlich auf der Zunge, aber auch in der Mundschleimhaut, im Bereich des Rachens und des Kehldeckels. Die Zunge ist übersät von kleinen roten pilzförmigen Erhebungen. Diese werden Geschmackspapillen genannt und enthalten die Geschmacksknospen. Dort werden die chemischen Moleküle aus dem Speichel als Informationen aufgenommen, die an unser Gehirn weitergeleitet werden. Der so entstehende Geschmackseindruck wird durch die gleichzeitige Geruchswahrnehmung vervollständigt. Die Geschmacksstoffe steigen hinter dem Gaumen in die Nasenhöhle und können so über beide Wege wahrgenommen werden.

Störungen der geschmacklichen Wahrnehmung

Störungen können durch Beeinträchtigungen der Zunge und des Rachenraumes sowie der weiterleitenden Nervenbahnen und der verarbeitenden Zentren im Gehirn verursacht werden. Wie bereits beschrieben, ist der Geschmackssinn stark von unserer Geruchswahrnehmung abhängig. Bereits ein Schnupfen kann unseren Geschmackssinn derart stören, dass wir unsere Speisen kaum noch schmecken. Auch wenn man sich beim Verzehr von zu heißen Speisen oder Getränken die Zunge verbrennt, ist die geschmackliche Wahrnehmung für eine gewisse Zeit herabgesetzt.

1. *Übung: Bitten Sie einen Mitschüler oder eine Mitschülerin, sich bei geschlossenen oder verbundenen Augen die Nase zuzuhalten. Nun geben Sie auf einen Löffel z. B. Aprikosenkonfitüre und auf einen weiteren Löffel z. B. Kirschkonfitüre und reichen sie ihm/ihr abwechselnd zur Kostprobe. Wird er/sie den jeweiligen Geschmack trotz ausgeschaltetem Geruchssinn auf Anhieb erkennen?*

2. *Führen Sie folgende Übung zur Selbsterfahrung durch: Brot entwickelt einen süßlichen Geschmack im Mund, wenn man lange auf einem Bissen kaut, ohne ihn herunterzuschlucken. Probieren Sie zusammen mit der Klasse selbst aus, ob Sie dies auch wahrnehmen können. Tauschen Sie sich in der Kleingruppe über die Erfahrungen aus, die Sie bei dieser Übung gemacht haben. Halten Sie Ihre Ergebnisse hier fest.*

3. Beantworten Sie die folgenden Fragen.

   a) Wie beeinflusst das Rauchen den Geruchs- und Geschmackssinn? Fragen Sie dazu Raucher/-innen aus Ihrem Bekanntenkreis.

   _____
   _____
   _____
   _____

   b) Was sind Geschmacksverstärker in der Nahrung und wie wirken sie sich aus? Recherchieren Sie dazu im Internet, z. B. auf der Seite www.zentrum-der-gesundheit.de.

   _____
   _____
   _____
   _____
   _____

   c) Fett in der Nahrung gilt als „Geschmacksträger". Können Sie sich erklären, warum das so ist? Sie können dazu eine Lehrkraft im Bereich Hauswirtschaft befragen oder im Internet recherchieren.

   _____
   _____
   _____
   _____
   _____

4. Welche Aspekte können wichtig sein, wenn man einen Menschen zu seinen Ernährungsgewohnheiten befragt? Diskutieren Sie in der Gruppe und tragen Sie die Ergebnisse zusammen.

   _____
   _____
   _____
   _____
   _____
   _____
   _____
   _____

5. Stellen Sie auf einem separaten Blatt Papier einen Befragungsbogen zum Thema Ernährungsgewohnheiten zusammen.

2.6 Sehen

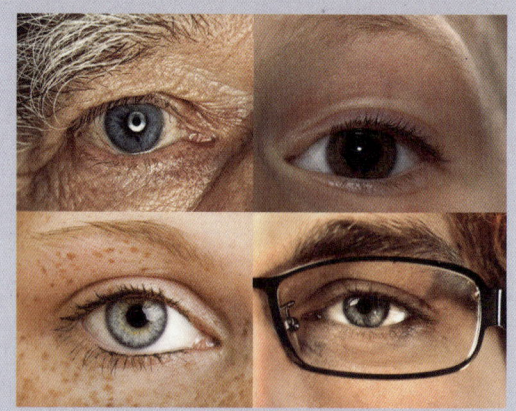

Sie sind Praktikant/-in in einem Altenpflegeheim und haben Frau Weber bereits als genügsame freundliche Bewohnerin auf Ihrer Station kennengelernt. Es ist Mittagszeit und alle wollen mit dem Aufzug zum Speisesaal fahren. Da entsteht ein Tumult. Sie sind überrascht, als Sie hören, wie Frau Weber laut von den anderen Bewohnerinnen und Bewohnern zurechtgewiesen wird. Als Sie dazu kommen, sehen Sie, dass Frau Weber vergeblich versucht, mit ihrem Rollator noch in den überfüllten Aufzug zu gelangen.

→ Welche möglichen Ursachen könnten diesem Verhalten zugrunde liegen?
→ Recherchieren Sie häufig auftretende Augenerkrankungen im Alter.

Für die meisten Menschen ist der Sehsinn mit Abstand der wichtigste Sinn, um sich in der Umwelt zu orientieren. Und tatsächlich dienen ca. 40 Prozent unseres Nervensystems dazu, uns das Sehen zu ermöglichen. Das Auge ermöglicht uns die Wahrnehmung von:
→ hell und dunkel,
→ Farben,
→ unterschiedlichen Entfernungen,
→ räumlichem Sehen (Wo befindet sich etwas im Raum?),
→ zeitlichen Abfolgen (bis zu 15 verschiedene Bilder pro Sekunde werden unterschieden).

Wie funktioniert das Sehen?

Wie sehen wir einen Gegenstand? Lichtstrahlen treffen im Augeninneren auf die Netzhaut, auf der eine verkleinerte und auf dem Kopf stehende Abbildung des gesehenen Gegenstandes dargestellt wird. Die Rezeptoren für das Sehen befinden sich in der Netzhaut des Auges. Man unterscheidet sogenannte Stäbchen, die Hell- und Dunkelunterschiede wahrnehmen, und Zapfen, die für die Farbwahrnehmung zuständig sind. Der physikalische Reiz (Lichtstrahlen) wird in diesen Sinneszellen in elektrische Impulse umgewandelt. Die von diesen Rezeptoren ausgehenden Impulse/Erregungen werden entlang des Sehnervs zum Sehzentrum im Gehirn geleitet. Hier werden die Impulse so verarbeitet, dass wir ein aufrechtes Bild des Gesehenen wahrnehmen.

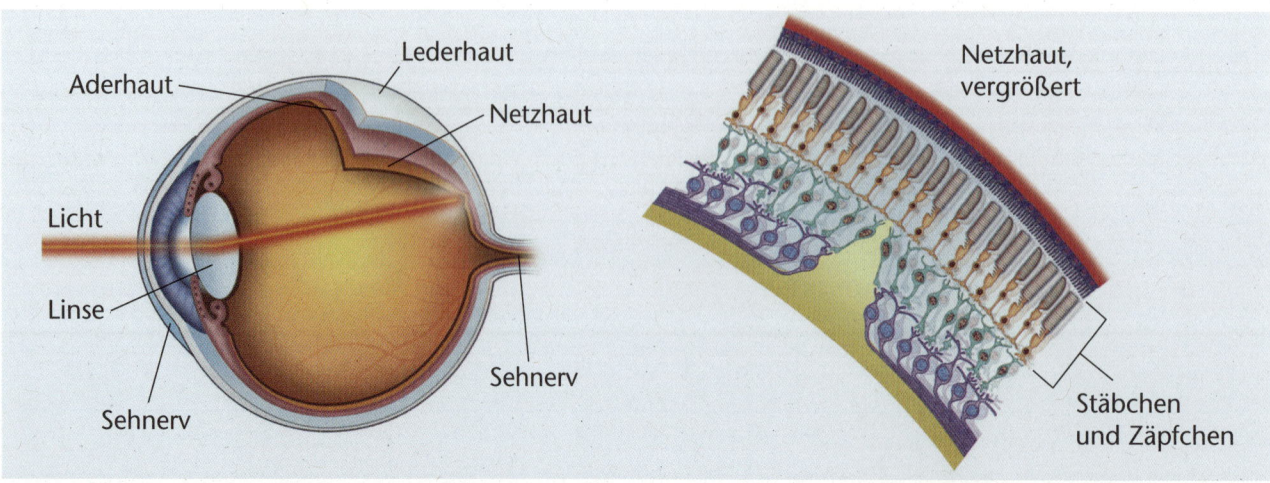

Sehen ist nicht gleich Erkennen

Damit wir etwas wiedererkennen können, müssen die eintreffenden Reize in unserem Gehirn mit bereits gemachten Erfahrungen verknüpft werden. Hat man zu einem wahrgenommenen Objekt bisher keinerlei Erfahrung gemacht, so ist eine Erkennung und Einordnung nur schwer oder gar nicht möglich. Zum Beispiel werden die Zeichen einer unbekannten Schrift zwar optisch wahrgenommen, können aber inhaltlich nicht gedeutet werden. D. h., wir können solche Zeichen zwar sehen, aber nicht erkennen.

Störungen des Sehens

Störungen können durch eine Beeinträchtigung des Auges, der weiterleitenden Nervenbahnen und der Sehzentren im Gehirn verursacht werden. Je stärker die Beeinträchtigung ist, desto mehr muss sich der Mensch auf die Eindrücke der anderen Sinnesorgane verlassen. Dafür greift er verstärkt auf gespeichertes Wissen zurück.

1. *Führen Sie hierzu folgende Übung durch: Lassen Sie sich von Ihrem Sitznachbarn oder Ihrer Nachbarin mindestens fünf Minuten lang mit verbundenen Augen durch Ihre Schule führen. Wechseln Sie die Rollen und tauschen Sie sich anschließend über Ihre Erfahrungen aus.*

2. *Frau Klein ist gerade ins Altenpflegeheim umgezogen und noch recht mobil auf den Beinen. Sie hat jedoch Schwierigkeiten, sich in der neuen Umgebung zurechtzufinden, weil sie an den Symptomen des Grünen Star im fortgeschrittenen Stadium leidet.*
   Überlegen Sie gemeinsam in der Klasse, welche Unterstützungsmöglichkeiten Sie Frau Klein anbieten könnten. Halten Sie die Ideen schriftlich fest.

3. *Recherchieren Sie mögliche Ursachen für Blindheit.*

4. *Welche Hilfsangebote können einem blinden oder sehbehinderten Menschen zur Verfügung gestellt werden?*

5. *Recherchieren Sie unter www.unsicht-bar.com die Möglichkeit für Sehende, eine „blinde" Erfahrung zu machen.*

2.7 Hören

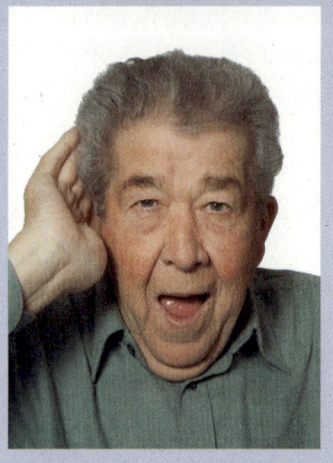

Herr Hasselroth beschwert sich bei Ihnen, dass er während der Arztvisite seine Fragen nicht stellen konnte. Außerdem empört er sich darüber, dass der neue junge Arzt keinerlei Respekt gezeigt habe und sicherlich auch kein besonders großes Erfahrungswissen habe. Zufällig waren Sie bei der Visite ebenfalls anwesend. Tatsächlich konnten Sie beobachten, dass die Kommunikation zwischen dem Arzt und Herrn Hasselroth schwierig verlief, da der ältere Herr sehr schwerhörig ist. Bis jetzt will Herr Hasselroth von einem Hörgerät allerdings nichts wissen. Bei der Arztvisite waren die Bedingungen zudem dadurch erschwert, dass der Arzt es eilig hatte, am Bettende stand, viel und schnell sprach und teilweise über Herrn Hasselroth hinweg zu seinem Assistenzarzt sprach. Hatte Herr Hasselroth eine an ihn gerichtete Frage nicht verstanden, so wiederholte der Arzt die Frage mit deutlicher Ungeduld in der Stimme und wartete die Antwort nicht ab, sondern wandte sich damit an die Pflegekraft. Die Frage, die Herr Hasselroth bezüglich seiner Medikamente stellte, beantwortete der Arzt kurz und bündig, verabschiedete sich mit einem schnellen Händedruck und die Visite war beendet.

Nun haben Sie einerseits Verständnis für die Empörung des älteren Herren, denn auch Sie selbst empfanden die Situation als schwierig – andererseits nehmen Sie sich vor, noch einmal einfühlsam mit Herrn Hasselroth zu reden, ob er sich nicht doch ein Hörgerät anschaffen will. Schließlich wissen Sie, wie anstrengend ein Gespräch mit ihm sein kann.

➔ *Worauf sollten Sie nun bei der Kommunikation mit Herrn Hasselroth achten?*
➔ *Tragen Sie sich in der Klasse zusammen, wie man die Kommunikation mit einem schwerhörigen Menschen gestalten sollte.*

Hören ist für die zwischenmenschliche Kommunikation überaus wichtig. Es ermöglicht uns, am gesellschaftlichen Leben teilzunehmen, denn die menschliche Kultur ist stark auf Sprache und Sprechen ausgerichtet.

Ein gutes Gehör sichert aber auch das Überleben (z. B. im Straßenverkehr). Im Vergleich mit vielen Tieren schneidet das Hörvermögen des Menschen jedoch deutlich schlechter ab. Hunde und Katzen können höhere Töne viel besser wahrnehmen als wir und leben damit in einer ganz anderen Geräuschwelt. Wir Menschen sind allerdings dazu in der Lage, uns einen Hörgenuss über Musik zu erschaffen.

Das Gehör ermöglicht uns die Wahrnehmung von:
➔ Geräuschen, Lauten und Worten,
➔ Tönen, Klängen und Rhythmen,
➔ unterschiedlichen Entfernungen,
➔ unterschiedlichen Lautstärken,
➔ räumliches Hören (Wo kommt das Geräusch her?),
➔ zeitlichen Abfolgen.

Wie funktioniert das Hören?

Schallwellen gelangen durch den Gehörgang auf das Trommelfell. Dadurch wird das Trommelfell in Schwingung versetzt. Im Mittelohr werden jetzt die Schwingungen auf die Gehörknöchelchen übertragen, zuerst auf den Hammer, dann auf den Amboss und zuletzt auf den Steigbügel. Der Steigbügel gibt die Schwingung weiter, indem er die Membran des ovalen knöchernen Fensters in der Schnecke bewegt. Die Schnecke ist mit Lymphflüssigkeit gefüllt, welche in Bewegung gerät und die Haarzellen (Sinneszellen des Hörorgans) mitbewegt. In den Hörzellen im Innenohr entstehen so elektrische Impulse, die über den Hörnerv zum Hörzentrum im Gehirn weitergeleitet werden. Nun kann das Gehörte wahrgenommen werden.

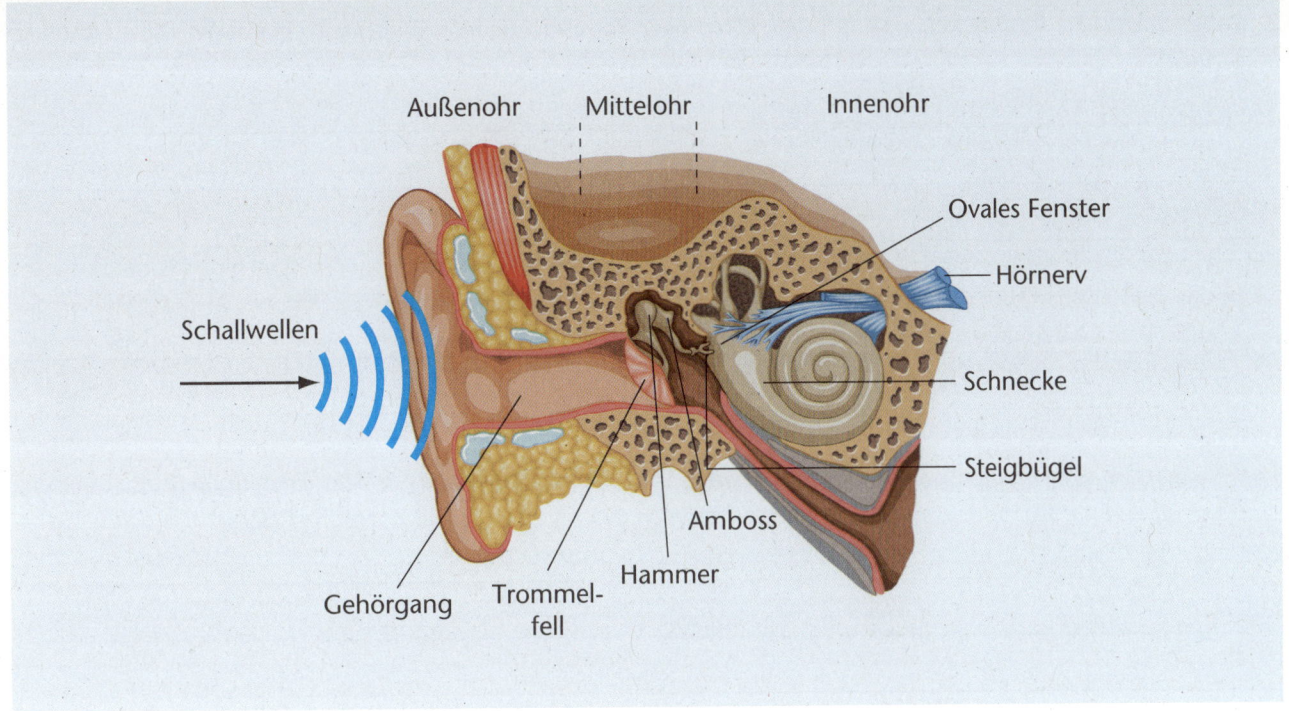

Für das Richtungshören ist die gleichzeitige Verarbeitung der gehörten Information beider Ohren wichtig. Im Gehirn werden die eintreffenden Signale beider Ohren miteinander verglichen. Meist ist eines der Ohren näher an der Geräuschquelle und somit kommt das Signal für das Gehirn minimal früher und lauter an als das Signal des anderen Ohres. Durch diese Verarbeitung können wir die Lage und Richtung der Geräuschquelle bestimmen.

Störungen des Hörvorgangs

Ein Hörtrauma (z. B. verursacht durch eine Explosion) kann das Ohr schwer schädigen, aber auch eine Mittelohrentzündung kann den Hörvorgang bereits enorm beeinträchtigen. Während bei (Alters-)Schwerhörigkeit der Einsatz eines Hörgerätes das Sprachverständnis oft wieder ermöglichen kann, ist dies bei angeborener vollständiger Gehörlosigkeit nicht möglich. Störungen können im Bereich des äußeren Ohres und Mittelohres als Schallleitungsproblem auftreten oder im Bereich des Innenohres und des Hörnervs als Schallempfindungsstörung.

1. Führen Sie folgendes Experiment durch: Bitten Sie eine Versuchsperson, sich einen Kopfhörer aufzusetzen, und lassen Sie die Person darüber Musik hören. Dabei stellen Sie den Lautstärkeregler zunächst auf Null und drehen ihn (langsam!) stufenfrei immer weiter auf Lautstärke. Die Versuchsperson wird gebeten, aufzuzeigen, sobald sie die Musik hören kann und noch einmal, wenn die Lautstärke für sie unangenehm wird. Führen Sie das Experiment mit mindestens fünf weiteren Personen verschiedener Altersstufen durch und vergleichen Sie die Ergebnisse, die Sie auf der Skala des Lautstärkereglers ablesen können, miteinander. Zu welchem Ergebnis kommen Sie?

_____
_____
_____
_____
_____

2. Recherchieren Sie im Internet, welche Krankheiten oder Beeinträchtigungen für das Gehör durch Lärm entstehen können.

3. Besuchen Sie ein Fachgeschäft für Hörgeräteakustik und lassen Sie sich das Prinzip eines Hörgerätes sowie den Umgang damit erklären. Fassen Sie schriftlich zusammen, worauf man beim Einsatz eines Hörgerätes achten sollte.

4. Was wissen Sie über die Gebärdensprache? Tragen Sie Ihr Wissen in der Klasse zusammen und halten Sie Ihre Ergebnisse hier fest.

Buchtipp: Huch, Renate (Hrsg.): Mensch. Körper. Krankheit, 6. Auflage, München, Elsevier, 2011.
DVD-Tipp: Die Sinne. Eine komplexe Wunderwelt, Discovery Communications, DVD, 2010.

3 Psychologische Grundlagen der Wahrnehmung

Besondere Gesetzmäßigkeiten der Wahrnehmung und Wahrnehmungskonstanzen unterstützen unser Gehirn dabei, die Flut an wahrgenommenen Informationen so zu filtern und zu sortieren, dass schnell ein sinnvolles ganzheitliches Bild entstehen kann. Bei diesem Vorgang greift unser Gehirn auf Prinzipien zurück, die auf Erfahrungswissen beruhen.

3.1 Gestaltgesetze der Wahrnehmung

Unser Gehirn ist darauf eingestellt, aus den Einzelheiten, die wir wahrnehmen, einen sinnvollen Zusammenhang herzustellen. Warum reagiert unser Gehirn so, dass eine Ganzheit entsteht? Würden wir unsere einzelnen Wahrnehmungen nicht sinnvoll zusammenschließen und einordnen können, wäre ein überlegtes Handeln nicht möglich. Dass dieser Vorgang rasch und reibungslos abläuft, sichert uns das Überleben. Also „denkt das Gehirn mit" und konstruiert aus Einzelteilen einen Zusammenschluss, eine sinnvolle Gestalt, die für unser Gehirn „leicht verdaulich" ist, weil uns das Erkennen und Einordnen erleichtert wird.

■ **Ein Gestaltgesetz bezeichnet die Art und Weise, wie unser Gehirn wahrgenommene Einzelteile zu einem ganzheitlichen sinnvollen Bild zusammensetzt.** ■

Betrachten wir beispielsweise die Zeichnung eines Hauses, bei der eine Linie fehlt, so vervollständigen wir das Bild im Kopf automatisch, erkennen somit ein Haus und nehmen nicht nur aneinanderhängende Linien wahr.

Man ergänzt also Dinge, die nicht da sind, um den wahrgenommenen Einzelteilen einen Sinn geben zu können. Mit diesem Phänomen beschäftigte sich die sogenannte „Berliner Schule" der Gestalttheorie um die Forscher Max Wertheimer, Kurt Koffka und Wolfgang Köhler bereits in den zwanziger Jahren des letzten Jahrhunderts. Die Forscher fanden heraus, dass bei unserer Wahrnehmung möglichst
→ einfache,
→ einheitliche,
→ geschlossene,
→ symmetrische (spiegelbildliche)
→ und gleichartige
Gebilde entstehen, die unser Gehirn als „gute Gestalt" schnell aufnehmen und verarbeiten kann.

Figur-Grund-Wahrnehmung

Wie kommt es, dass wir ein Reh mitten im Wald sehen können? Die sogenannte Figur-Grund-Wahrnehmung ermöglicht es uns, zu erkennen, dass sich eine Figur von einem Hintergrund abhebt. In der Regel wird der Figur mehr Aufmerksamkeit geschenkt als dem eher gleichförmigen Hintergrund.
Ein auf das Hören bezogenes Beispiel der Figur-Grund-Wahrnehmung wären zwei Freundinnen, die sich in einer gut besuchten Kneipe unterhalten. Die eine Freundin kann der Stimme der anderen Freundin mehr Aufmerksamkeit schenken als dem Stimmengewirr um sie herum und so der Unterhaltung mit ihr folgen.

Dass bei der Figur-Grund-Wahrnehmung die Entscheidung für die Aufmerksamkeit auf bestimmte Teile eine große Rolle spielt, zeigen uns sogenannte Inversionsfiguren (auch Kippbilder genannt), bei denen es nicht so einfach ist, die Figur von ihrem Hintergrund zu trennen: fixiert man beispielsweise in neben stehendem Bild die weiße Fläche, sieht man einen Pokal bzw. eine Vase. Konzentriert man sich auf den schwarzen Hintergrund, kann man zwei menschliche Profile erkennen, die einander zugewandt sind. Es ist nicht möglich, beides gleichzeitig wahrzunehmen. Unser Gehirn muss eine Entscheidung treffen.

Gestaltgesetze

→ **Gesetz der Nähe**

Einzelne Elemente, die sich in räumlicher oder zeitlicher Nähe zueinander befinden, werden als zusammengehörig wahrgenommen. Das bestätigt auch die unten stehende Abbildung.

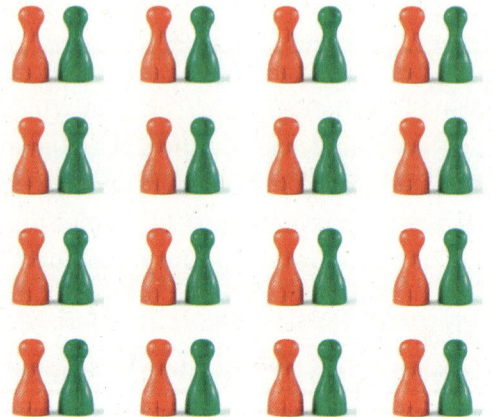

→ **Gesetz der Ähnlichkeit**

Elemente, die einander ähneln, werden viel eher als zusammengehörig wahrgenommen als Elemente, die sich voneinander unterscheiden. In der Abbildung werden die Spalten eher als zusammengehörig wahrgenommen als die Zeilen.

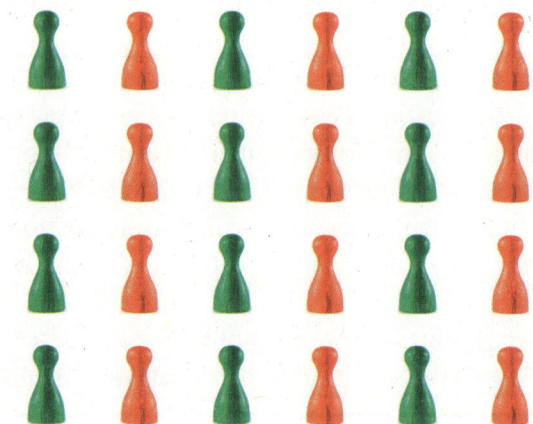

→ **Gesetz der Geschlossenheit**

Nicht vorhandene Teile einer Figur werden in der Wahrnehmung automatisch ergänzt, Abbilder werden vervollständigt, sodass wir z. B. eine Kreislinie, die nicht ganz geschlossen ist, als einen kompletten Kreis sehen oder ein Gebilde aus Flecken als Tier wahrnehmen können.

→ **Gesetz der guten Fortsetzung**

Gebilde oder Reize, die scheinbar eine Fortsetzung eines vorangegangenen Gebildes bzw. Reizes sind, werden als zusammengehörig mit diesem vorangegangenen Reiz wahrgenommen. Dieses Gesetz ermöglicht es, dass man beispielsweise in einem Gewirr von verschiedenen Linien eine bestimmte Linie bis zu ihrem Ende verfolgen kann.

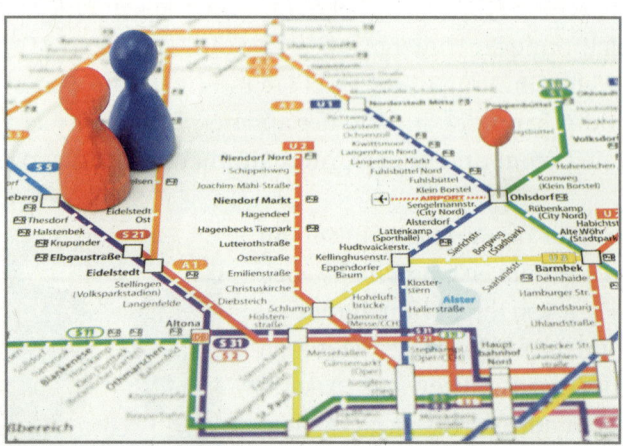

→ **Gesetz des gemeinsamen Schicksals**

Solche Elemente oder Gegenstände, die sich gleichmäßig bewegen oder gleichmäßig verändern, werden als Einheit wahrgenommen. So ist es beispielsweise bei Schwärmen von Vögeln oder Fischen (siehe Foto). Die vielen kleinen Fische bewegen sich gleichmäßig in dieselbe Richtung und bleiben dabei eng zusammen.

3.2 Wahrnehmungskonstanzen

Unser Gehirn ist in der Lage, einmal kennengelernte Gegenstände und Ereignisse wiederzuerkennen und zwar unabhängig von deren Größe, Entfernung, Beleuchtung und anderen Einflussfaktoren. Diese Fähigkeit nennt man Wahrnehmungskonstanz. Man spricht immer dann von Wahrnehmungskonstanz, wenn man Dinge oder Ereignisse oder deren Eigenschaften als konstant wahrnimmt, obwohl sie sich verändern.

Wenn Sie das Foto betrachten, dann werden Sie das Auto in der Entfernung als reales Auto wahrnehmen und nicht als Spielzeugauto, obwohl die greifende Hand dies nahelegt. Aufgrund der Entfernung, welche die Umgebungslandschaft vermittelt, wissen Sie, dass das Auto normal groß ist. Man spricht in diesem Zusammenhang von Größenkonstanz.
Folgend sind die bekanntesten Wahrnehmungskonstanzen aufgeführt.

→ **Größenkonstanz:** Wahrnehmung der tatsächlichen Größe von Gegenständen unabhängig von der Entfernung. Das Auto bleibt in unserer Wahrnehmung ein reales Auto, obwohl es auf dem Foto wie ein Spielzeugauto aussieht.

→ **Form- und Dingkonstanz:** Ein Stuhl bleibt in unserer Wahrnehmung immer ein Stuhl, unabhängig davon, ob er gepolstert, aus Holz oder aus Plastik ist.

→ **Farb- und Helligkeitskonstanz:** Eine gelbe Bluse bleibt in unserer Wahrnehmung immer gelb, unabhängig davon, ob sie in der Sonne auf der Wäscheleine hängt oder bei Kerzenlicht in einem dunklen Restaurant getragen wird.

Die wahrgenommene Konstanz hängt damit zusammen, dass Dinge und Ereignisse nicht isoliert, sondern im Zusammenhang mit ihrem Umfeld wahrgenommen werden.
Die Gestaltgesetze der Wahrnehmung und die Wahrnehmungskonstanzen helfen dabei, dass wir mithilfe unserer Wahrnehmung im Alltag schnell Schlussfolgerungen ziehen können. Diese schnellen Schlussfolgerungen bergen aber auch die Gefahr von Fehldeutungen.

1. Wie würden Sie spontan die Zusammengehörigkeit der hier abgebildeten Personen deuten und warum? Muss dies zwangsläufig der Wahrheit entsprechen? Welche weiteren Deutungsmöglichkeiten gibt es?

   _____
   _____
   _____

2. Schnee wird sowohl bei vollem Tageslicht als auch im Dämmerlicht (obwohl auf der Netzhaut dunkler abgebildet) als weiß wahrgenommen. Welche Wahrnehmungskonstanz ermöglicht dies?

   _____

3. Genau genommen sehen Sie rechts zwei Linien, die in einem bestimmten Winkel zueinander angeordnet sind. Wo würden Sie spontan eine Linie hinzufügen, um der Abbildung einen Sinn zu geben?

4 Beeinflussung der Wahrnehmung und Wahrnehmungsfehler

4.1 Wahrnehmung und Wirklichkeit

Wir möchten Ihre Aufmerksamkeit dafür schärfen, dass Wahrnehmung nicht gleichzusetzen ist mit Wahrheit im Sinne von Wirklichkeit, wie das die Anfangssilbe „Wahr" scheinbar vermittelt. Die Fähigkeit, Informationen über unsere Sinne aufzunehmen und die Fähigkeit zur Verarbeitung dieser Informationen ermöglicht es uns, ein ganzheitliches sinnvolles Bild vom gegenwärtigen Augenblick zu entwickeln. Dieses Bild ist jedoch subjektiv, dass heißt, eine andere Person, die die gleiche Situation erlebt, nimmt vielleicht ein ganz anders Bild wahr, das möglicherweise ebenso wenig der Wirklichkeit entspricht wie Ihres. Hierzu folgende Geschichte:

Die Geschichte von den Blinden und dem Elefanten
In einer großen Stadt waren alle Leute blind. Eines Tages kam ein fremder König in dieses Gebiet und lagerte mit seiner Armee vor den Stadttoren. Er besaß einen großen Elefanten. Da die Blinden aus der Stadt dieses Tier nicht kannten, wollten sie in Erfahrung bringen, welche Gestalt der riesige Elefant hatte. Eine kleine Gruppe der Blinden machte sich auf, um seine Größe und Form festzustellen. Da sie ja blind waren, tasteten sie ihn mit ihren Händen ab. Jeder berührte irgendeinen Teil des Elefanten und gewann so eine Vorstellung von ihm.
Als sie in die Stadt zurückkehrten, versammelten sich die Stadtbewohner erwartungsvoll und befragten sie nach der Gestalt des Elefanten. Da berichteten sie von ihren Eindrücken.
Einer, dessen Hand das Ohr des Elefanten betastet hatte, sagte: „Er ist ein großes und schreckliches Wesen, breit, rau und flach wie ein Teppich." Der, der den Rüssel betastet hatte, sagte: „Ich fand, er ist lang und innen hohl, wie ein Rohr; ein furchtbares Wesen und ein Mittel der Vernichtung." Und der, der die dicken, festen Beine des Elefanten betastet hatte, sagte: „Soweit ich erkennen konnte, ist seine Gestalt aufrecht wie eine Säule und unbezwingbar."
Jeder hatte nur eines der Glieder betastet, und daher war die Beschreibung des Tieres unzureichend. Keiner hatte das Ganze erkennen können. Ebenso kennt der Mensch das Wesen der Wirklichkeit nicht und auch die Gelehrten können darüber nichts in Erfahrung bringen.

Diese Geschichte wird in ganz unterschiedlichen Varianten erzählt. Eine andere Variante der Geschichte berichtet, dass Schülerinnen und Schüler einer Förderschule im Rahmen ihres Biologieunterrichtes einen Ausflug in ein Naturkundemuseum machten, wo es erlaubt war, die Ausstellungstücke, u. a. auch einen nachgebildeten Elefanten, anzufassen. Zu welchen Erkenntnissen die Kinder kamen, als sie den Elefanten mit verbundenen Augen ertasten durften, können Sie in der Zeichnung sehen.

Vergleichen Sie die Aussagen der Kinder in der Zeichnung mit den Beschreibungen der Blinden aus der Stadt. Warum, glauben Sie, kommen die Blinden und die Schülerinnen und Schüler zu so unterschiedlichen Aussagen über den Elefanten? Warum sind z. B. die Beine einmal eine unbezwingbare Säule und einmal ein Baum? Diskutieren Sie in der Gruppe.

4.2 Individuelle Faktoren der Wahrnehmung

Dass wir auf sehr unterschiedliche Weise wahrnehmen, liegt nicht nur an der Unterschiedlichkeit unserer Sinnesorgane und deren Funktionsfähigkeit. Die Art und Weise, wie wir wahrnehmen, ist immer beeinflusst durch unsere persönliche Geschichte. Sämtliche Erfahrungen, die wir in unserem bisherigen Leben gemacht haben, mischen sich mit den jetzigen Bedürfnissen und unserer aktuellen Stimmung und Befindlichkeit. So sehen wir eine Situation immer subjektiv durch unsere „persönliche Brille". Dies kann bedeuten, dass wir einen Gegenstand oder eine Situation völlig anders wahrnehmen als jemand, der eben unter einem anderen Einfluss steht als wir selbst.

Gerade im Berufsalltag ist es wichtig, sich seiner „persönlichen Brille" bei der Wahrnehmung immer wieder bewusst zu werden. Wenn wir uns selbst „auf die Schliche" kommen, aus welchem Grund wir eine Situation auf diese bestimmte Art wahrnehmen, können wir professioneller damit umgehen, d. h. die Bewertungen, die sich vorschnell aufdrängen, noch einmal überdenken. Wenn es uns auch nicht gelingen wird, eine Situation absolut objektiv wahrzunehmen, so hilft uns das Reflektieren (Überdenken) doch dabei, eine möglichst objektive (allgemeingültige) Einschätzung vornehmen zu können.

Wir müssen uns also zunächst einmal mit den Faktoren auseinandersetzen, die unsere Wahrnehmung individuell beeinflussen.

Bisherige Erfahrungen

Ist eine Person beispielsweise mit Hunden aufgewachsen, kennt also die Verhaltensmuster und die Körpersprache dieser Tiere, so wird sie bei einem Hausbesuch, bei dem sie mit Hundegebell empfangen wird, weniger Angst haben als eine andere Person, die als Kind von einem Hund gebissen wurde. Möglicherweise wird diese negative Erfahrung sie so beeinflussen, dass sie angespannt ist und weiteren Hausbesuchen unwillig entgegensieht.

Individuelles Interesse

Jemand, der sich für Botanik interessiert, wird beim Picknick auf einer Frühlingswiese andere Dinge wahrnehmen – z. B. die besonderen Blüten der Feldblumen – als beispielsweise ein frisch verliebtes Paar in der gleichen Umgebung, das nur Augen für sich hat und die warme Sonne genießt.

Wertvorstellungen

Unsere Wertvorstellungen werden vor allem durch die Gesellschaft und das Umfeld, in dem wir aufwachsen, geprägt. Sie werden stetig von der jeweiligen Kultur beeinflusst und können sich mit dem Zeitgeschehen wandeln. Heute allgemeingültige Werte sind z. B. Ehrlichkeit, Toleranz, Pünktlichkeit oder Mitgefühl. Vor einigen Jahrzehnten hingegen hatten Werte wie z. B. Vaterlandstreue oder Keuschheit vor der Ehe, einen hohen Stellenwert. Beispielsweise wurden Frauen, die uneheliche Kinder zur Welt brachten, damals mit Verachtung betrachtet; Soldaten wurden als Helden wahrgenommen. In der heutigen Zeit steht eher der Wert der individuellen Verwirklichung im Vordergrund. Mit dem gesellschaftlichen Wandel der Werte wandelt sich auch unsere persönliche Wahrnehmung. Zudem können Werte auch Dingen, Gesten oder z. B. Farben zugeschrieben werden. In Europa beispielsweise steht die Farbe Schwarz für „Trauer". Die Farbe Weiß wird in unserer Kultur mit Werten wie „Unschuld" oder „Reinheit" belegt und traditionell von Bräuten zur Hochzeit getragen. In Indien beispielsweise ist dies nicht so. Dort gilt Weiß als Farbe der Trauer und indische Bräute tragen statt weißer meist rote Kleider. Rot steht in Indien für Glück, Schönheit und Reichtum. In diesem Zusammenhang spricht man von kulturellen Werten.

Persönliche Einstellungen

Einstellungen können als politische Meinung, als Weltanschauung oder als individuelle Lebensphilosophie die Wahrnehmung beeinflussen. Sie können sich mit der Zeit wandeln. In diesem Zusammenhang ist es z. B. interessant, wie man bestimmten Krankheiten wie Suchterkrankungen oder einer HIV-Infektion gegenüber eingestellt ist. Um bei diesem Beispiel zu bleiben: wenn eine Pflegeperson – ihrer persönlichen Einstellung folgend – der Ansicht ist, dass ein an Aids erkrankter Mann selbst die Schuld an seiner Erkrankung trägt, wie wird sich dies auf die Wahrnehmung des Leids dieses Patienten auswirken? Wird die Pflegeperson Mitleid empfinden? Wie könnte sich diese Einstellung ändern, wenn die Pflegeperson durch eine verunreinigte Bluttransfusion mit HIV infiziert würde?

Fähigkeiten und Fertigkeiten
Fähigkeiten und Fertigkeiten beeinflussen nicht nur den Wahrnehmungsprozess als solchen, sondern wirken sich auch auf das individuell empfundene Gefühl der Anstrengung oder Leistungsfähigkeit aus. Jemand, dem es leicht fällt, in Kontakt mit Menschen zu kommen, nimmt die Herausforderung, eine Gruppe zu leiten anders wahr als jemand, der eher zurückhaltend und schüchtern ist.

Intelligenz, Denken, Lernen
Intelligenz, Denken und Lernen sind bei der Auswahl und Auswertung der Wahrnehmung wichtige Grundvoraussetzungen. Im beruflichen Alltag nimmt man um so mehr wahr, je mehr fachpraktisches Wissen man sich während der Ausbildung aneignen konnte. Wenn z. B. Pflegekräfte viel Fachwissen über die Symptome einzelner Krankheitsbilder besitzen, wird die Aufmerksamkeit fast automatisch verstärkt auf diese Auffälligkeiten gelenkt. Je nach Umfang des Fachwissens einzelner Personen wird die Wahrnehmung von Auffälligkeiten unterschiedlich ausfallen.

Gefühle und Stimmungen
Gefühle und Stimmungen filtern, was wir überhaupt wahrnehmen und „färben" das Wahrgenommene passend zur Stimmung ein. Ein Pfleger beispielsweise, dessen Stimmung gerade niedergedrückt ist, kann das Lob, das ihm von seinem Vorgesetzten entgegengebracht wird, nicht gut wahrnehmen. Im Gegensatz zu früher fällt es ihm jetzt vielleicht kaum auf. Äußert der Vorgesetzte nun aber Kritik, so fällt dies in der Wahrnehmung des Pflegers viel stärker ins Gewicht, als es üblicherweise der Fall ist. Der Pfleger reagiert auf die Kritik jetzt mit mehr Selbstzweifeln.

Bedürfnisse und Motivation
Ein hungriger Mensch wird einen Schnellimbiss in einer ihm fremden Straße eher wahrnehmen als ein gesättigter Mensch, dessen Wahrnehmung nicht in eine bestimmte Ausrichtung gelenkt wird. Was wir wahrnehmen, hängt natürlich auch von der Motivation ab, unsere Aufmerksamkeit darauf zu richten. Wird eine Mitschülerin beispielsweise gebeten, eine Hausarbeit auf Rechtschreibfehler hin durchzulesen, so wird sie es lieber tun, wenn das Thema sie auch interessiert. Dabei kann es dazu kommen, dass sie so durch das Thema gefesselt ist, dass sie die Rechtschreibfehler kaum noch wahrnimmt. Ein anderer, den das Thema nicht interessiert, wird sich besser auf die Korrektur der Fehler konzentrieren können.

Zustand der Sinnesorgane
Der Zustand, in dem sich die Sinnesorgane von verschiedenen Menschen befinden, ist ein weiterer Grund dafür, warum deren Wahrnehmung so unterschiedlich ausfallen kann. Ein blinder Mensch beispielsweise wird Geräusche wahrnehmen, die einem Sehenden entgangen wären, weil sein Gehör viel feiner und trainierter ist. Ein kurzsichtiger Mensch kann beim Überqueren einer Straße ein herannahendes Auto übersehen, das einem normalsichtigen Menschen nicht entgangen wäre.

> Frau Riedel arbeitet in einer integrativen Kindertagesstätte und betreut hier u. a. den kleinen Sercan, einen 5-jährigen türkischen Jungen mit einer Entwicklungsverzögerung. Im Elterngespräch möchte Frau Riedel nun erklären, was ihr an Sercan aufgefallen ist und ihre Beobachtungen mit denen der Eltern abgleichen, um weitere Schritte besprechen zu können.
>
> → *Überlegen Sie, welche Faktoren der individuellen Wahrnehmung dazu führen können, dass das Gespräch positiv erlebt wird und welche Faktoren dazu führen können, dass das Gespräch eine negative Wendung nimmt. Verwenden Sie dazu die in der folgenden Tabelle aufgeführten Stichpunkte. Tauschen Sie sich in der Klasse darüber aus und halten Sie Ihre Notizen fest.*

	Frau Riedel ...	**Die Eltern ...**
Bisherige Erfahrungen	hatte bisher wenig Kontakt mit Eltern türkischer Herkunft.	haben viel Kontakt mit Deutschen und bisher stets gute Erfahrungen gemacht.
Individuelles Interesse	möchte bei den Eltern Verständnis für die Beeinträchtigung des Sohnes wecken.	möchten, dass aus ihrem ältesten Sohn etwas Besonderes wird.
Wertvorstellungen	hat Respekt vor Menschen, die sich um Integration in eine andere Kultur bemühen.	Der Vater findet es nicht gut, dass eine Frau die Fähigkeiten seines Sohnes beurteilt. Die Mutter pflichtet ihm bei.
Einstellungen	glaubt, dass Gespräche zur Verständigung und zum Beziehungsaufbau beitragen und will sich dafür auch Zeit nehmen.	sind nicht davon überzeugt, dass Gespräche weiterführen.
Fähigkeiten, Fertigkeiten	kann generell gut Kontakt aufnehmen, erklären und zuhören.	verstehen und sprechen Deutsch sehr gut.
Intelligenz, Denken, Lernen	verfügt über ein gutes Fachwissen und hat vor Kurzem noch eine Fortbildung zum Thema „Besonderheiten der Entwicklungsverzögerung bei Kindern türkischer Herkunft" besucht.	hatten bisher wenige Berührungspunkte mit dem Thema Entwicklungsverzögerung. Der Vater arbeitet als Monteur bei einem Automobilhersteller, die Mutter ist ausgebildete Einzelhandelskauffrau, momentan aber schwanger und nicht berufstätig.
Gefühle und Stimmungen	hatte einen ereignisreichen anstrengenden Arbeitstag und muss für dieses Gespräch noch einmal alle Kräfte zusammennehmen.	sind aufgeregt und befürchten „schlechte" Nachrichten, da sie zu einem Gespräch eingeladen wurden.
Bedürfnisse, Motivation	möchte den Eltern nahelegen, Sercan noch ein Jahr von der Einschulung zurückzustellen und ihn zur Ergotherapie zu schicken.	möchten, dass ihr Sohn wie alle anderen Kinder auch eingeschult wird.
Zustand der Sinnesorgane	hat keinerlei Sinnesbeeinträchtigungen, ist aber insgesamt müde.	Der Vater scheint keine Beeinträchtigung zu haben, die Mutter trägt eine Brille mit sehr dicken Gläsern.

Notizen:

4.3 Soziale Faktoren der Wahrnehmung

Hypothesen in der sozialen Wahrnehmung

■ Eine Vermutung, Erwartung oder Annahme, deren Richtigkeit noch zu beweisen ist, wird auch als „Hypothese" bezeichnet. ■

Wenn wir in sozialen Zusammenhängen wahrnehmen, also z. B. auf eine fremde Person treffen, entwickeln wir sehr schnell eine Erwartungshaltung – eine Hypothese, die uns hilft, den Eindruck, den wir von der Person erhalten, einzuordnen. Wir ordnen andere Menschen in Kategorien ein, wie z. B. Freund oder Feind, cool oder langweilig, gefährlich oder harmlos. Die Begegnung mit einer anderen Person wird also von unseren Vorerwartungen mitgeprägt.

Die Sozialpflegerin Lisa ist in einer Jugendbegegnungsstätte tätig, die sich in einem sozialen Brennpunkt der Stadt befindet. Sie leitet donnerstags den „Klöntreff", bei dem Kaffee ausgeschenkt wird, Billard oder Tischtennis gespielt werden kann und Jugendliche unverbindlich ins Gespräch kommen können. An diesem Donnerstag ist alles anders: Im Rahmen der Gemeindearbeit will sich der neue Pfarrer vorstellen. Als er eintrifft, sind die Jugendlichen völlig überrascht: Sie nehmen einen 30-jährigen Mann wahr, der in Jeans und Turnschuhen daherkommt und eine E-Gitarre dabei hat. Als er vorschlägt, den Musikraum aufzuschließen und in die Runde fragt, wer Lust auf Musikmachen hat, sind die Jugendlichen doch sehr erstaunt. Aber als er zudem lächelnd beteuert, dass er „anständigen Rock" machen und keine christlichen Lieder singen will, kann er ein paar Jugendliche für sich gewinnen.
Lisa hatte sich einen Pfarrer ganz anders vorgestellt und nicht erwartet, dass sein Auftreten einige der Jugendlichen dazu bewegen würde, mit ihm Musik zu machen. Als sie am Abend fragt, wie denn die Musiksession mit dem Pfarrer war, berichten einige der Jugendlichen, man habe doch merken können, dass es ein Pfarrer ist, so „hochgestochen" habe er gesprochen. Lisa fragt sich, ob das den Jugendlichen auch aufgefallen wäre, wenn sie nicht vorher gewusst hätten, dass es sich um einen Geistlichen handelt.

→ *Was meinen Sie? Diskutieren Sie in der Klasse.*

Einfluss der Gruppenzugehörigkeit

Wenn wir im Berufsalltag eine Patientenakte lesen, wird oft schon deutlich, in wie viele unterschiedliche Gruppen man ein Mitglied unserer Gesellschaft einordnen kann.
Zum Beispiel: Die 40-jährige Patientin Frau Martins gehört in die Gruppe der Akademikerinnen, in die Gruppe der Autofahrerinnen, in die Gruppe der Mütter, in die Gruppe der berufstätigen Mütter, in die Gruppe der Nichtraucher, in die Gruppe der Besserverdiener usw.
Allein aus diesen Informationen machen wir uns bereits ein bestimmtes Bild von einer Person mit entsprechenden Vorerwartungen, wir ordnen die Person für uns ein, „stecken sie in eine Schublade". Wir können unsere soziale Wahrnehmung nur schwer von der sozialen Gruppe trennen, zu der eine Person gehört. Mit der Zugehörigkeit zu einer sozialen Gruppe ist immer eine bestimmte Vorerwartung verknüpft. Dieser Vorgang des Einordnens spielt sich fast unmerklich ab. Darauf aufmerksam werden wir meist erst dann, wenn sich mindestens zwei Gruppenzugehörigkeiten widersprechen. Stellen Sie sich z. B. eine Gruppe von Tierschützern vor, bei der sich ein neues Mitglied vorstellt mit den Worten: „Ich bin Metzger".

Einfluss gesellschaftlich und kulturell geprägter Normen und Rollenerwartungen

■ Normen sind allgemein anerkannte Regeln für menschliches Verhalten, die sich an den Werten orientieren, die eine Gesellschaft anstrebt (z. B. Sitten, Bräuche, Vorschriften, Verbote). ■

Sind wir uns immer bewusst, wie sehr unsere Wahrnehmung durch geprägte Normen beeinflusst wird? Ist jemand z. B. nicht zeitgemäß – also der Mode entsprechend – gekleidet, so denken wir schnell, dass dieser Mensch vielleicht altmodisch ist. Oder: Gehen zwei Männer Hand in Hand über die Straße, so würden wir in unserem Kulturkreis den Schluss ziehen, dass sie homosexuell sind. Ganz anders würde die Situation in Indien wahrgenommen und bewertet, wo die Tatsache, dass heterosexuelle Männer Hand in Hand nebeneinander hergehen, durchaus noch der Norm entspricht.

Rollenzugehörigkeiten verändern sich im Laufe des Lebens, z. B. durch Scheidung, Auszug der Kinder, Lottogewinn, Aufstieg auf der Karriereleiter, Verlust des Arbeitsplatzes, Pensionierung oder Krankheit. Sobald wir eine neue Rolle in der Gesellschaft einnehmen, müssen wir uns als Person mit den Erwartungen an diese Rolle auseinandersetzen. Dabei kommt es auch darauf an, wie diese Erwartungen von außen an uns herangetragen werden und wie wir diese Erwartungen erfüllen.

Warum halten sich unsere Vorerwartungen so hartnäckig?

Einerseits sind Vorerwartungen hilfreich und nützlich, damit wir unsere Wahrnehmungen besser und schneller einordnen können. Schließlich haben sich die Erwartungen aus unserer Erfahrung ja auch oft genug bestätigt. Wir haben also aus der Wahrnehmung einer Situation gelernt und gewisse Vorerwartungen für eine nächste, ähnliche Situation abgespeichert. Jedoch sollten wir uns auch über die „Fallen" von Vorerwartungen bewusst sein:

➔ Unsere Vorerwartung kann durch Normen beeinflusst sein und nicht aus eigener Erfahrung resultieren, z. B. psychisch kranke Menschen sind immer schwierig im Umgang – quasi nicht „normal".
➔ Wir neigen dazu, vorzugsweise das wahrzunehmen, was unsere Vorerwartung bestätigt. Beispiel: Auf einer geschlossenen Station der Psychiatrie nehmen wir nur die auffälligen Verhaltensweisen von Patienten wahr. Dass Patienten hier auch völlig „normale" Verhaltensweisen zeigen, fällt uns überhaupt nicht auf.

1. Zu welchen sozialen Gruppen gehört der Pfarrer, der sich in der Jugendbegegnungsstätte vorgestellt hat? Sammeln Sie in der Gruppe.

_____
_____
_____
_____
_____
_____

2. Erstellen Sie eine Liste der sozialen Gruppen, zu denen Sie sich zugehörig fühlen.

_____
_____
_____
_____
_____
_____
_____

3. Herr Stein lebt in einem Altenpflegeheim. Er hat in seinem Leben verschiedene Rollen ausgefüllt, z. B. die Vaterrolle, die Rolle des Ehemanns, die Rolle des Arbeitnehmers, die Rolle des Vorsitzenden im Sportverein usw. Tragen Sie in einer Dreiergruppe zusammen, welche Erwartungen an die jeweiligen Rollen geknüpft gewesen sein könnten.

4. Welchen Einfluss haben die Rollenerwartungen auf die Person selbst? Wovon könnte es abhängen, ob Herr Stein sich im Altenheim eher in der Rolle des hilflosen Patienten wiederfindet oder sich als gleichberechtigt mitwirkender Bewohner fühlt?

5. Was glauben Sie, welche Erwartungen an die Rolle eines Sozialpflegers bzw. einer Sozialpflegerin geknüpft sind? Interviewen Sie dazu berufsfremde Personen. Stellen Sie die Ergebnisse in der Klasse vor und diskutieren Sie gemeinsam darüber, wann es sinnvoll sein kann, diesen Erwartungen zu entsprechen und wann nicht.

4.4 Fehler der Personenwahrnehmung

Fehler in der Personenwahrnehmung werden auch Beurteilungsfehler genannt. Natürlich wissen wir, dass es eigentlich falsch ist, über eine andere Person vorschnell zu urteilen. Das hat man uns so beigebracht und manchmal machen wir auch selbst die Erfahrung, dass wir einen Menschen zunächst anders eingeschätzt haben, als er wirklich ist. In diesen Fällen sind wir oft erstaunt und reagieren entweder positiv überrascht oder enttäuscht. Und natürlich werden wir uns bei der nächsten Begegnung mit einer unbekannten Person auch sofort wieder ein „Bild" von dem Betreffenden machen. Das Bild ist subjektiv und muss nicht unbedingt zutreffend sein. Wahrscheinlich wird sich dieses Bild auch nur dann verändern, wenn wir einen besonders starken neuen Eindruck von der Person erhalten. Ansonsten neigt der Mensch dazu, eher nur die Eigenschaften an jemand anderem wahrzunehmen, die ohnehin schon gut in das gemachte Bild passen. Wie auch immer der Eindruck ist, den wir von jemandem haben, er zeigt seine Wirkung in unserem Umgang mit dem/der Anderen. Die Interaktion mit dieser Person wird von Wirkung und Wechselwirkung bestimmt – also wie wir auf den anderen Menschen zugehen und wie er/sie als Reaktion darauf uns begegnet. Doch wie bildet sich der erste Eindruck bzw. welche Fehler machen wir dabei typischerweise?

Halo-Effekt
„Halo" bedeutet Hof, wie beispielsweise ein Lichthof bzw. Lichtkranz um eine Lampe. Gemeint ist eine hervorstechende Eigenschaft einer Person, unter deren Einfluss alle anderen Eigenschaften wahrgenommen werden. Erscheint eine Sekretärin z. B. durch ihre überaus gepflegte Erscheinung und den makellos aufgeräumten Schreibtisch als sehr ordentlicher Mensch, so wird diese Eigenschaft auf andere Eigenschaften übertragen. Man traut ihr einen korrekten Rechnungsabschluss zu und schließt auf Ehrlichkeit und Zuverlässigkeit.

Logischer Fehler
Der logische Fehler ist dem Halo-Effekt ähnlich. Der Unterschied besteht darin, dass beim logischen Fehler gewisse Eigenschaften automatisch als zusammengehörig wahrgenommen werden, z. B.: „Wer lügt, der stiehlt auch"; wer keine Ordnung hält, ist faul; ein Akademiker ist handwerklich ungeschickt; ein Handwerker versteht nichts von klassischer Musik usw.

Kontrast- oder Ähnlichkeitsfehler
Der gewonnene Eindruck einer Person wird hier mit Eigenschaften von anderen Personen verglichen. Zum Beispiel nehmen wir solche Eigenschaften vermehrt wahr, die wir selbst überhaupt nicht besitzen (Kontrast) oder die unseren Eigenschaften besonders ähnlich sind. Hat beispielsweise eine Mathematiklehrerin soeben einen motivierten Leistungskurs unterrichtet, so nimmt sie danach die Schüler einer anderen Klasse, die nicht so gut mitkommen, vielleicht als besonders begriffsstutzig wahr.

Projektion
Damit ist hier gemeint, dass wir solche Eigenschaften, die wir an uns selbst nicht wahrnehmen können oder wollen, auf eine andere Person übertragen. Haben wir z. B. unbewusst keine Lust dazu, eine bestimmte Arbeit zu machen, so fällt uns vielleicht sofort auf, dass eine Kollegin eben genau diese Arbeit vor sich her schiebt. Schnell urteilt man dann voreilig, sie sei nur zu faul, ihre Arbeit zu erledigen.

Primacy-Recency-Effekt
Der erste Eindruck ist so prägend, dass er alle weiteren Begegnungen beeinflusst. Der letzte Eindruck, den wir bei der Begegnung mit einer Person erhalten, bleibt länger in der Erinnerung haften und strahlt zurück auf das Gesamtbild, dass wir von einer Person haben. Bei einem Bewerbungsgespräch zählen also nicht nur das erste Auftreten, sondern auch die letzten Sätze und die Art, sich zu verabschieden. Es handelt sich hierbei um ein Gedächtnisphänomen, bei der die ersten (anfänglichen = primary) und die letzten (neuesten = recent) Informationen stärker in der Erinnerung haften bleiben, als die Informationen, die wir dazwischen bekommen. Dieses Phänomen gilt auch für Gesprächsinhalte.

Milde-Effekt und Strenge-Effekt
Ein Arzt beispielsweise, der aus persönlichen Gründen den Konsum von Alkohol grundsätzlich ablehnt, wird bei einem Patienten eher eine Alkoholsucht diagnostizieren als ein Arzt, der nach Feierabend selbst gern einmal ein wenig mehr trinkt. Manche Eigenschaften einer Person beurteilen wir also milder oder eben strenger als andere Beurteiler.

> Stellen Sie sich vor, dass Sie seit mehreren Jahren in einem Altenheim tätig sind und unter der Weisung von Frau Schulze arbeiten, die bereits 22 Jahre Berufserfahrung als Altenpflegerin hat. Sie kennen und schätzen Frau Schulze als gewissenhafte Person, die aber dazu neigt, andere an ihrem eigenen Arbeitsstil zu messen. Als der junge Praktikant Markus eingearbeitet wird, zeigt sie sich häufiger verstimmt. In einem Gespräch bittet Frau Schulze Sie nun, den Praktikanten auf einige Dinge, die ihr negativ aufgefallen sind, hinzuweisen. Ihr missfällt das äußere Erscheinungsbild mit den zu langen Haaren und der löchrigen Jeans. Sie geht davon aus, dass er den Essensplan nicht wie vorbestellt umsetzt und überhaupt einiges Wichtige vergisst. Schließlich ist er bereits zweimal zu spät gekommen. Sie hätten es zwar eigentlich lieber, wenn Frau Schulze das Gespräch selbst führen würde, übernehmen es dann aber doch, da Sie den jungen Mann gar nicht so schlecht finden und nicht wollen, dass er vergrault wird.

1. Welche Beurteilungsfehler könnten Frau Schulze unterlaufen sein? Halten Sie Ihre Vermutungen schriftlich fest.

2. Wenn Sie nun das Gespräch vorbereiten und an den Primacy-Recency-Effekt denken, wie könnten Sie das Gespräch aufbauen? Welches Ziel verfolgen Sie mit dem Gespräch? Worin bestehen mögliche „Stolperfallen"? Bereiten Sie sich mit Notizen auf eine Diskussion in einer Kleingruppe vor.

3. Überlegen Sie sich zu den Fehlern der Personenwahrnehmung je ein Beispiel aus dem Berufsalltag. Stellen Sie die Beispiele in der Klasse vor.

Buchtipps: Hobmair, Hermann (Hrsg.): Psychologie, 4. Auflage, Köln, Bildungsverlag Eins, 2008.
Schleicher, Susann: Blickpunkt Sozialpflege, 2. Auflage, Köln, Bildungsverlag Eins, 2009.

5 Von der Wahrnehmung zur Beobachtung

5.1 Was unterscheidet die Wahrnehmung von der Beobachtung?

Wahrnehmung ist ungerichtet

Wahrnehmung geschieht automatisch und unbewusst. Sie ist ein wichtiges Instrument zur Orientierung in unserer Umwelt. Wenn Sie z. B. im Rahmen Ihrer Ausbildung ein Praktikum in einer fremden Einrichtung absolvieren, dann werden Sie sich mithilfe Ihrer Wahrnehmung automatisch einen Überblick und Orientierung verschaffen.

Wir sind jedoch nicht in der Lage, alle Informationen aufzunehmen und zu verarbeiten. Tatsächlich nehmen wir nur einen Bruchteil der verfügbaren Informationen wahr. Das ist auch gut so, denn unser Gehirn kann nur eine gewisse Anzahl an Reizen auf einmal verarbeiten. Die Auswahl der Reize, die wir wahrnehmen, geschieht jedoch nicht zufällig, sondern hängt davon ab, welche Reize unsere Aufmerksamkeit erregen. Die Aufmerksamkeit hängt wiederum stark von unserer Befindlichkeit, unseren Bedürfnissen, Erfahrungen, unserem Wissen und Ähnlichem ab.

Beispiel: Wenn Sie am ersten Tag Ihres Praktikums durch den Flur des Altenpflegeheims gehen, dann fühlen Sie sich zunächst vielleicht noch etwas fremd und unsicher. Viele neue Eindrücke werden Ihre Aufmerksamkeit erregen. Wenn Ihnen eine Frau mit einem auffälligen Gangbild auf dem Flur begegnet, dann wird Ihr Blick in diese Richtung gehen. Sobald Sie jedoch ein lautes Rufen aus dem nächsten Zimmer hören, wird Ihre Aufmerksamkeit in eine andere Richtung gelenkt. Sind Sie gerade hungrig, dann wird der Essengeruch, der vom Stationswagen ausgeht, Sie als nächstes in den Bann schlagen.

Beobachtung ist zielgerichtet

Um beim oberen Beispiel zu bleiben: Wenn Sie im Verlauf Ihres Praktikums die Station und die Menschen, die dort leben, sowie den Tagesablauf und Ihre Aufgaben besser kennengelernt haben, werden Sie mehr Zeit finden, einzelne Auffälligkeiten intensiver zu betrachten und ganz gezielt Ihre Wahrnehmung in eine bestimmte Richtung zu lenken. Beim Betrachten der Frau mit dem auffälligen Gangbild fällt Ihnen dann auf, dass sie zudem ihren rechten Arm angewinkelt und angespannt am Körper hält, während sie in der linken Hand einen Stock hält.

An dieser Stelle befinden Sie sich bereits im Beobachtungsprozess. Sie suchen gezielt nach Merkmalen und Informationen, die dazu beitragen können, die Auffälligkeit näher zu beschreiben und zu erklären. Wenn Sie im Rahmen Ihrer Ausbildung bereits etwas über Gehbehinderungen und deren Ursachen gelernt haben, dann werden Sie dieses Wissen mit ihrer Beobachtung vergleichen und versuchen, zu einer Einschätzung zu gelangen. Je mehr sie über Gehbehinderungen wissen, umso umfangreicher sind ihre Vergleichsmöglichkeiten.

Beobachtung ist Bestandteil unseres alltäglichen Lebens

Menschen beobachten ihre Umwelt, um Ereignisse und Verhaltensweisen anderer Menschen besser zu verstehen, eigene Vermutungen zu überprüfen und darauf aufbauend Entscheidungen zu treffen. Im Zusammenhang mit Alltagsbeobachtungen spricht man auch von Zufalls- oder Gelegenheitsbeobachtung.

Beobachtung im beruflichen Alltag

Sozialpfleger und Sozialpflegerinnen arbeiten eng mit Patienten zusammen, verbringen viel Zeit mit ihnen und sind daher oft die ersten, die Veränderungen in einem Krankheitsgeschehen oder Gesundungsprozess wahrnehmen. Daher ist es wichtig, dass Sie ein Gespür dafür entwickeln, ob und welche Veränderungen sich bei den pflege- und betreuungsbedürftigen Menschen zeigen.

■ Zufallsbeobachtungen sind oft Ausgangspunkt für weitere Fragestellungen und einen gezielten Beobachtungsprozess. ■

Damit der Beobachtungsprozess im beruflichen Alltag gut gelingt, benötigen Sozialpfleger/-innen folgende Fähigkeiten:
- ➔ Wahrnehmungsfähigkeit
- ➔ Fähigkeit, sich in Situationen und Menschen einzufühlen (Empathie oder Einfühlungsvermögen)
- ➔ Reflexionsfähigkeit (Fähigkeit, die Wahrnehmung zu überdenken, subjektive Einflussfaktoren zu erkennen und deren Einfluss zu mindern)
- ➔ Erfahrungswissen
- ➔ Fachwissen
- ➔ Kombinationsfähigkeit

Lesen Sie die folgenden Fallbeispiele.
- *Welche Vermutungen kommen Ihnen aufgrund der beschriebenen Zufallsbeobachtungen, Ihrer Erfahrungen und Ihres Fachwissens in den Sinn?*
- *Welche Fragestellungen lassen sich hieraus jeweils ableiten?*
- *Welchen Einfluss könnten persönliche Gefühle und Stimmungen auf die Situation haben?*
- *Was gilt es gezielt zu beobachten?*
- *Diskutieren Sie die Bespiele in der Gruppe.*

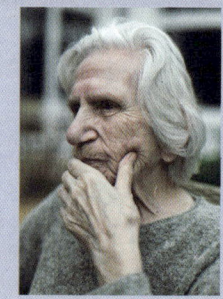

Dem Sozialpflegehelfer Martin fällt auf, dass sich die 84-jährige Frau Kalk, die vor einigen Monaten ihren Ehemann verloren hat, unmerklich verändert hat. Ihre Kleider scheinen ihr eine Nummer zu groß zu sein, ihr Gesicht wirkt eingefallen. Die sonst so gepflegten Zimmerpflanzen sind trocken. Entgegen ihrer sonstigen Gewohnheit hat Frau Kalk auch um 10 Uhr noch nicht gefrühstückt. Da Frau Kalk bisher kaum auf Martins Gesprächsangebote reagiert hat, scheut sich der Sozialpflegehelfer davor, sie anzusprechen, weil er befürchtet, dass er erneut auf Ablehnung stößt.

Die Sozialpflegerin Frau Röckel macht mit einer Kindergruppe einen Ausflug auf einem Rheinschiff. Ihr fällt die kleine Susanne auf, die sich von der Gruppe entfernt hat und mit blassem Gesicht auf einer Bank unter Deck sitzt. Bevor es am morgen losging, hatte Frau Röckel beobachtet, wie Susanne sich mit ihrer besten Freundin Luisa gestritten hatte. Frau Röckel erinnert sich an ihre eigene Kindheit. Auch sie war früher immer sehr traurig, wenn sie Streit mit ihrer besten Freundin hatte. Frau Röckel erinnert sich aber auch daran, dass Susanne sich neulich nach der Fahrt auf dem Drehkarussell übergeben hat.

Sie sind Praktikant/-in in einem Altenpflegeheim und haben Herrn Winter, der einen grippalen Infekt hatte, als bettlägerigen Patienten kennengelernt. An diesem Morgen sitzt er bereits auf der Bettkante, als Sie sein Zimmer betreten und sucht mit den Füßen tastend nach seinen Hausschuhen. Er blickt Ihnen ins Gesicht und scheint Sie nicht zu erkennen, lächelt Ihnen aber freundlich zu und bittet Sie, ihm mit den Schuhen und beim Aufstehen behilflich zu sein. Irgendwie kommt Ihnen diese Situation komisch vor, weil Sie erwartet hatten, Herrn Winter im Bett anzutreffen. Auch, dass er Sie nicht erkennt und Ihnen trotzdem freundlich zulächelt, verunsichert Sie.

5.2 Der Beobachtungsprozess

Beobachtung ist ein Prozess, der immer wieder neue Vermutungen und Fragen aufwirft. In der folgenden Abbildung wird der Beobachtungsprozess in der Pflege schematisch dargestellt und in sechs aufeinanderfolgende Schritte unterteilt.

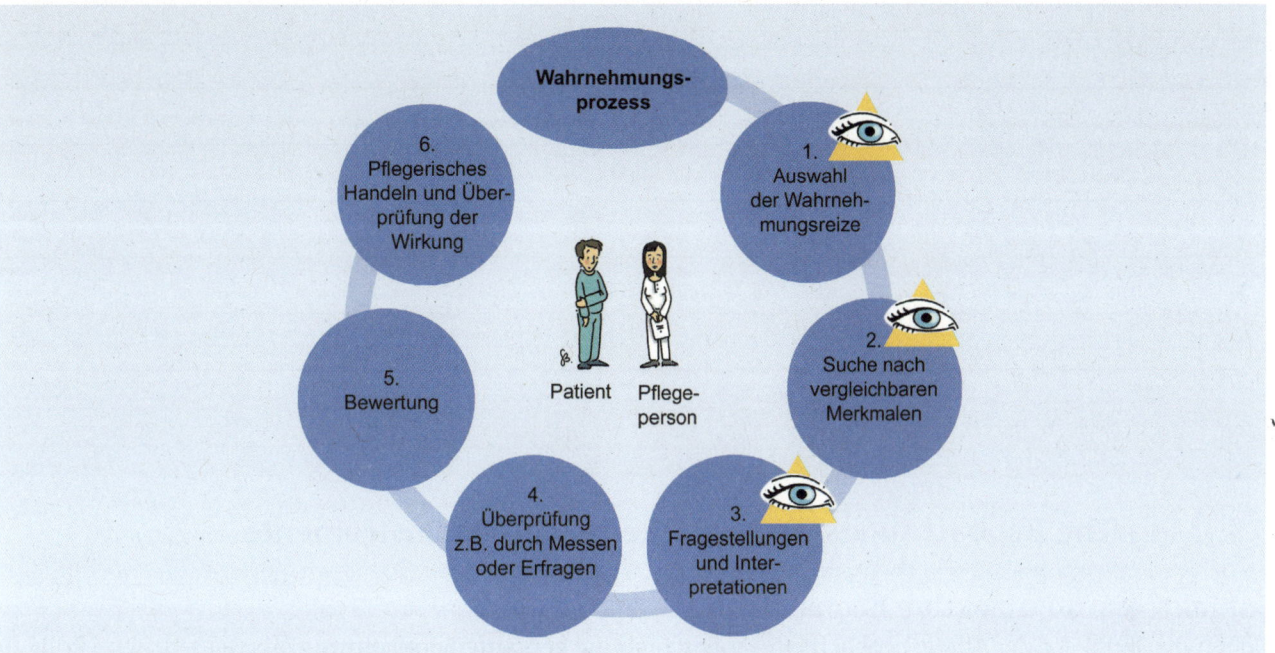

Beobachtungsprozess (vgl. Lauber/Schmalstieg, 2001)

Lesen Sie das folgende Fallbeispiel und gliedern Sie den Ablauf entsprechend der sechs, in der obigen Grafik genannten, Beobachtungsschritte. Halten Sie Ihre Ergebnisse auf der folgenden Seite fest.

> Als Sie morgens an der Haustür der Familie Pohl klingeln, öffnet Ihnen Herr Pohl wie gewohnt die Tür. Sofort fällt Ihnen auf, dass er im Gesicht verändert aussieht, irgendwie „schief", außerdem hat er eine undeutliche Aussprache. Obwohl Sie eigentlich gekommen sind, um seine stark körperbehinderte Frau beim Aufstehen, Waschen und Anziehen zu unterstützen, lässt Sie die Beobachtung, die Sie bei Herrn Pohl gemacht haben, nicht in Ruhe. Als Sie sehen, wie er vor Ihnen hergeht und mit leichtem Linksdrall gegen den Türrahmen stößt, fragen Sie nach, ob es ihm heute Morgen nicht gut gehe. Er antwortet schwer verstehbar, dass er wenig geschlafen habe und er heute Morgen irgendwie nicht richtig in Gang komme.
> Sie fragen sich automatisch, ob der Zustand von Herrn Pohl auf seinen Schlafmangel oder auf die Überbelastung durch seine pflegebedürftige Frau zurückzuführen ist. Vielleicht leidet er auch an einem zu hohen oder zu niedrigen Blutdruck oder einem beginnenden Infekt. Sie denken aber auch, dass es sich um Anzeichen für einen Schlaganfall handeln könnte.
> Sie beschließen, Herrn Pohl erneut anzusprechen und ihm Ihre Besorgnis über seinen veränderten Zustand mitzuteilen. Der möchte davon nichts wissen, schließlich sei seine Frau die Kranke. Er sagt nur: „Machen Sie sich keine Sorgen um mich" und lächelt Sie dabei an. Sie erkennen nun deutlich, dass das Lächeln von Herrn Pohl „schief" ist. Ein Mundwinkel bleibt, wie er ist und bewegt sich nicht nach oben. Sie bekommen einen Schreck und sind sich gleichzeitig ziemlich sicher, dass sich Ihre schlimmste Vermutung bestätigt hat. Herr Pohl zeigt Symptome eines Schlaganfalls. Ruhig, aber besonnen teilen Sie Herrn Pohl Ihre Vermutung mit. Zunächst möchte er davon nichts wissen. Als er sich aber selbst im Spiegel betrachtet, erkennt er den Ernst der Lage und willigt ein, dass Sie einen Rettungswagen rufen. Im Krankenhaus wird bei Herrn Pohl eine Computertomografie durchgeführt. Tatsächlich bestätigt sich der Verdacht auf Schlaganfall. Herr Pohl muss zur Behandlung und weiteren Beobachtung im Krankenhaus bleiben. Eine Rehabilitationsbehandlung soll sich unmittelbar anschließen. Gemeinsam mit dem Pflegedienst organisieren Sie die weitere Betreuung für Frau Pohl.

5.3 Mögliche Beobachtungsarten und Beobachtungsinstrumente

Subjektive und objektive Beobachtung

Neben der Zufalls- oder Alltagsbeobachtung spielt auch die geplante Beobachtung eine wesentliche Rolle in der Sozialpflege.

→ Während die **Alltagsbeobachtung** wegen der unterschiedlichen Einflussfaktoren eher subjektiv ist, also von der persönlichen Wahrnehmung gefärbt und vom Zufall abhängig,

→ gilt die **geplante Beobachtung**, die wiederholt und deren Ergebnisse miteinander verglichen werden können, als objektive (allgemeingültigere) Beobachtung.

> Ein Mitarbeiter in einer Werkstatt für Menschen mit psychischen Erkrankungen, der an einer Zwangsstörung leidet, fragt immer wieder beim Gruppenleiter nach, ob das, was er gerade tut, auch wirklich richtig ist. Der Gruppenleiter, der noch andere Dinge im Kopf hat, ist dadurch völlig genervt und wendet sich Hilfe suchend an Teamkollegen, denen er von dieser Verhaltensweise berichtet.
> In einer Fallbesprechung schlägt der betreuende Sozialarbeiter dem Gruppenleiter vor, eine Strichliste zu führen. Immer wenn der Mitarbeiter seine Fragen an ihn richtet, soll er einen Strich machen. Nach drei Tagen will der Sozialarbeiter sich erneut mit dem Gruppenleiter zusammensetzen und das weitere Vorgehen besprechen. Durch die geplante Vorgehensweise (Führen der Strichliste) wird die Beobachtung wiederholbar und vergleichbar und der Sozialarbeiter erhält einen objektiveren Eindruck von der Situation – ohne die gefühlsmäßige Färbung des Gruppenleiters.

Natürlich ist das Führen einer Strichliste eine sehr minimale Beobachtungsweise, die mehr oder weniger nur Zahlen zum Ergebnis hat. In Zahlen messbare Beobachtungsergebnisse nennt man auch quantitative Ergebnisse, beschreibende Beobachtungsergebnisse nennt man auch qualitative Ergebnisse.

Welche der folgenden Beobachtungsergebnisse werden in Zahlen gemessen, welche müssen entsprechend ihrer Qualität beschrieben werden? Kreuzen Sie in der Tabelle die entsprechenden Felder an. Vergleichen Sie Ihr Ergebnis mit dem Ihres Tischnachbarn bzw. Ihrer Tischnachbarin.

Ziel der Beobachtung	quantitatives Ergebnis	qualitatives Ergebnis
Blutdruckwert		
Pulswert		
Uринteststreifen		

Ziel der Beobachtung	quantitatives Ergebnis	qualitatives Ergebnis
Blässe		
Verhaltensweisen		
Zuckerwert		
Übelkeit		
Schwindel		
Entwicklungsschritte		
Größe		
Gewicht		
Schmerzen		
Fieber		
Rötung		

Beobachtungsinstrumente

Wesentliche Beobachtungsinstrumente im Rahmen der Sozialpflege sind
- die Sinnesorgane,
- Messinstrumente, wie z. B. Fieberthermometer, Blutdruckmessgerät, Pulsuhr,
- Dokumentationsbögen, wie z. B. Trinkprotokoll, Gewichtsprotokoll, Blutdruckprotokoll,
- Selbsteinschätzungs- und Fremdeinschätzungsbögen, wie z. B. Selbsteinschätzungsskala und Stimmungsprotokoll, Sammelmappen mit Kinderbildern im Kindergarten (Portfolio),
- Aufzeichnungsgeräte, z. B. Ton- und Videoaufzeichnungen.

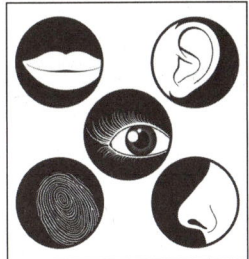 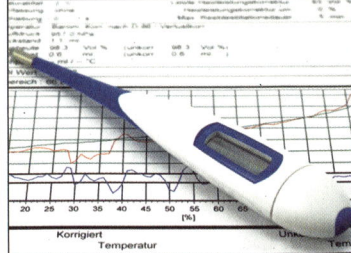  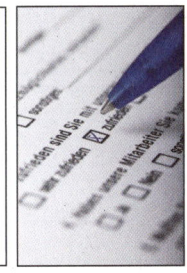 

Je nachdem, was man beobachten will, kommen unterschiedliche Instrumente zum Einsatz. In vielen Einrichtungen der Sozialpflege werden die Vorgehensweisen bei der Beobachtung und die Art der Aufzeichnung (Dokumentation) jeweils festgelegt. Das hat den Vorteil, dass Ergebnisse vergleichbar und persönliche Einflussfaktoren verringert werden. Es kann aber auch dazu führen, dass Auffälligkeiten, die nicht in das Beobachtungsraster fallen, übersehen werden.

Eine gut entwickelte Wahrnehmungsfähigkeit, verbunden mit entsprechendem Fachwissen, ist daher von überaus großer Bedeutung für den Beobachtungsprozess im Rahmen der Sozialpflege.
Für die Nutzung aller Beobachtungsinstrumente gilt, die Pflegeperson sollte:
- wach und aufmerksam sein,
- den Umgang mit dem jeweiligen Messinstrument beherrschen,
- sich der persönlichen Einflussfaktoren bewusst sein.

Beobachtungsformen

Man unterscheidet zwischen
- verdeckter Beobachtung: Der Beobachtende gibt sich nicht als solcher zu erkennen und der Beobachtete weiß auch nicht, dass er beobachtet wird.
- offener Beobachtung: Der Beobachtende ist in der Nähe und als solcher erkennbar; er schaut von außen auf die Situation, ohne sich einzumischen.
- teilnehmender Beobachtung: Der Beobachtende ist Teil der Situation, die er auch gleichzeitig beobachtet.

1. *Welche Beobachtungsform, glauben Sie, kommt in der Sozialpflege am häufigsten zum Einsatz? Begründen Sie Ihre Aussage.*

   _____
   _____
   _____
   _____
   _____

2. *Überlegen Sie gemeinsam in der Gruppe, welche Vorteile bzw. Nachteile die jeweiligen Beobachtungsformen Ihrer Ansicht nach haben. Halten Sie Ihre Ergebnisse stichpunktartig fest.*

   _____
   _____
   _____
   _____
   _____

3. *Welche der Methoden ist Ihrer Meinung nach die objektivste bzw. die subjektivste? Begründen Sie.*

   _____
   _____
   _____
   _____
   _____

5.4 Beobachtungsergebnisse auf Gültigkeit überprüfen

Manche Beobachtungsergebnisse lassen sich sehr leicht überprüfen. Blutdruckwerte beispielsweise können mit einem Blutdruckmessgerät, das vom Eichamt geprüft ist, immer wieder unter gleichen Bedingungen ermittelt werden. Unterschiedliche Messwerte weisen dabei eindeutig auf einen schwankenden Blutdruck und nicht auf ein defektes Messgerät hin. Das Ergebnis wird in Zahlen eindeutig dargestellt. Es handelt sich um ein quantitatives Ergebnis.

Anders ist es bei der Überprüfung von Ergebnissen, die nicht in Zahlenwerten dargestellt werden können, z. B. die Beobachtung von Verhaltensweisen, wie sie in den Fallbeispielen in Kapitel 5.1 beschrieben worden sind. In solchen Fällen ist es äußerst wichtig, Informationen zu sammeln, die über die eigene Beobachtung hinausgehen. Um die eigenen Beobachtungen zu vervollständigen und zu überprüfen, sollten Sie
- → den Beobachteten selbst befragen,
- → die Angehörigen zu Ihren Beobachtungen befragen,
- → sich im Team mit Kollegen über Ihre Beobachtungen austauschen.

Bilden Sie Kleingruppen und lesen Sie die drei Fallbeispiele in Kapitel 5.1 auf Seite 40 erneut. Überlegen Sie gemeinsam, welche Fragen Sie den genannten Personen stellen könnten und halten Sie sie in der jeweiligen Tabelle fest.

Fallbeispiel: Frau Kalk

Fragen an den Beobachteten

Fragen an die Angehörigen

Fragen an Ihre Kollegen und Kolleginnen

Fallbeispiel: die kleine Susanne

Fragen an den Beobachteten

Fragen an die Angehörigen

Fragen an Ihre Kollegen und Kolleginnen

Fallbeispiel: Herr Winter

Fragen an den Beobachteten

Fragen an die Angehörigen

Fragen an Ihre Kollegen und Kolleginnen

Die Befragung und Selbsteinschätzung der pflege- und betreuungsbedürftigen Personen ist eine sehr wichtige Informationsquelle und bietet die Möglichkeit zur Überprüfung der eigenen Beobachtungen. Außerdem unterstützt solch eine Befragung die Fähigkeit der Pflege- und Betreuungsbedürftigen zur Selbstbestimmung. Sie fühlen sich einbezogen und spüren, dass ihre Bedürfnisse gesehen werden.

Ein Verfahren, das beide Komponenten miteinander verbindet, ist der sogenannte Selbst- und Fremdeinschätzungsbogen. In Ihrer Rolle als Sozialpfleger/-in üben Sie eine verantwortungsvolle Tätigkeit aus. Vielleicht sind Sie manchmal unsicher, wie Sie sich selbst in Ihrer Arbeit einschätzen können und wie Sie von anderen gesehen werden. Der nachfolgende Selbst- und Fremdeinschätzungsbogen kann Ihnen dabei helfen, sich in Ihrer Reflexionsfähigkeit zu üben.

Bestimmen Sie – möglichst per Losverfahren – einen Übungspartner oder eine Übungspartnerin aus Ihrer Klasse. Füllen Sie den folgenden Selbsteinschätzungsbogen aus, während Ihr/-e Partner/-in gleichzeitig eine Fremdeinschätzung Ihrer Person vornimmt und den entsprechenden Bogen (siehe S. 48) ausfüllt. Vergleichen Sie die Ergebnisse miteinander. Sicher werden einige Einschätzungen voneinander abweichen. Manche Fremdeinschätzungen erfolgen aufgrund von Beobachtungen, andere wiederum kommen nur durch Vermutungen zustande. In jedem Fall spiegeln sie das Bild wider, das sich jemand von Ihnen gemacht hat. Fühlen Sie sich gesehen? Reflektieren Sie mit Ihrem Übungspartner bzw. Ihrer Übungspartnerin über mögliche Abweichungen.

Suchen Sie einen neuen Partner oder eine neue Partnerin und führen Sie dieses Mal die Fremdeinschätzung durch.

Selbsteinschätzungsbogen

1 = trifft genau zu, 2 = trifft eher zu　　　　　　　　　　3 = trifft eher zu, 4 = trifft genau zu

	1	2	3	4	
Ich kann gut in Kontakt kommen.					In Kontakt zu kommen fällt mir schwer.
Ich probiere gerne neue Sachen aus.					Neuen Dingen stehe ich skeptisch gegenüber.
Mein äußeres Erscheinungsbild ist mir wichtig.					Wie ich nach außen erscheine, spielt keine Rolle für mich.
Kritik durch andere macht mir nichts aus.					Ich lasse mich durch Kritik leicht kränken.
Misserfolge führen dazu, dass ich aufgebe.					Misserfolge spornen mich an, weiterzumachen.
Mir fällt es leicht, ein und dieselbe Tätigkeit über einen längeren Zeitraum auszuüben.					Mir fällt es schwer, ein und dieselbe Tätigkeit über einen längeren Zeitraum auszuüben.
Bei erhöhtem Arbeitsaufkommen fühle ich mich schnell gestresst.					Erhöhtes Arbeitsaufkommen ist für mich eine willkommene Herausforderung.
Ich kann nach der Arbeit gut abschalten.					Nach Feierabend mache ich mir noch lange Gedanken über die Arbeit.
Ich kann mich gut in andere Personen einfühlen.					Mich in andere Personen einzufühlen, fällt mir oft schwer.
Ich kann mich gut darauf einstellen, wenn etwas nicht nach Plan läuft.					Auf Abweichungen vom Plan reagiere ich empfindlich.
Ich kann geduldig auch länger zuhören.					Wenn ich lange zuhören muss, werde ich ungeduldig.
Ich kann mich sprachlich gut verständlich ausdrücken.					Es fällt mir oft schwer, mich sprachlich auszudrücken.
Ich arbeite gern mit anderen im Team zusammen.					Ich arbeite am liebsten allein.
In Konfliktsituationen kann ich mich gut durchsetzen.					In Konfliktsituationen fällt es mir schwer, mich durchzusetzen.
Mit Ekel auslösenden Situationen kann ich gut umgehen.					Ekel auslösende Situationen sind mir zuwider.
Fremde oder auffällige Verhaltensweisen kann ich gut tolerieren.					Mit fremden und auffälligen Verhaltensweisen kann ich schlecht umgehen.
Ich erledige meine Aufgaben immer sorgfältig und zuverlässig.					Ich erledige meine Aufgaben nicht immer sorgfältig und zuverlässig.
Meine Aufmerksamkeit für Veränderungen in meiner Umgebung ist hoch.					Mir fallen Veränderungen in meiner Umgebung meist erst spät auf.
Ich kann eine Situation wertfrei und detailgetreu beschreiben.					Mir fällt es schwer, eine Situation wertfrei und detailgetreu zu beschreiben.

Fremdeinschätzungsbogen

1 = trifft genau zu, 2 = trifft eher zu   3 = trifft eher zu, 4 = trifft genau zu

	1	2	3	4	
In Kontakt zu kommen fällt XY leicht.					In Kontakt zu kommen fällt XY schwer.
XY probiert gerne neue Sachen aus.					Neuen Dingen steht XY skeptisch gegenüber.
XY ist das äußere Erscheinungsbild wichtig.					Wie XY nach außen erscheint, spielt keine Rolle für XY.
Kritik durch andere macht XY nichts aus.					XY lässt sich durch Kritik leicht kränken.
Misserfolge führen dazu, dass XY aufgibt.					Misserfolge spornen XY an, weiterzumachen.
XY fällt es leicht, ein und dieselbe Tätigkeit über einen längeren Zeitraum auszuüben.					XY fällt es schwer, ein und dieselbe Tätigkeit über einen längeren Zeitraum auszuüben.
Bei erhöhtem Arbeitsaufkommen fühlt XY sich schnell gestresst.					Erhöhtes Arbeitsaufkommen ist für XY eine willkommene Herausforderung.
XY kann nach der Arbeit gut abschalten.					Nach Feierabend macht sich XY noch lange Gedanken über die Arbeit.
XY kann sich gut in andere Personen einfühlen.					Sich in andere Personen einzufühlen, fällt XY oft schwer.
XY kann sich gut darauf einstellen, wenn etwas nicht nach Plan läuft.					Auf Abweichungen vom Plan reagiert XY empfindlich.
XY kann geduldig auch länger zuhören.					Wenn XY lange zuhören muss, wird XY ungeduldig.
XY kann sich sprachlich gut verständlich ausdrücken.					Es fällt XY oft schwer, sich sprachlich auszudrücken.
XY arbeitet gern mit anderen im Team zusammen.					XY arbeitet am liebsten allein.
In Konfliktsituationen kann XY sich gut durchsetzen.					In Konfliktsituationen fällt es XY schwer, sich durchzusetzen.
Mit Ekel auslösenden Situationen kann XY gut umgehen.					Ekel auslösende Situationen sind XY zuwider.
Fremde oder auffällige Verhaltensweisen kann XY gut tolerieren.					Mit fremden und auffälligen Verhaltensweisen kann XY schlecht umgehen.
XY erledigt Aufgaben immer sorgfältig und zuverlässig.					XY erledigt Aufgaben nicht immer sorgfältig und zuverlässig.
Die Aufmerksamkeit von XY für Veränderungen in der Umgebung ist hoch.					XY fallen Veränderungen in der Umgebung meist erst spät auf.
XY kann eine Situation wertfrei und detailgetreu beschreiben.					XY fällt es schwer, eine Situation wertfrei und detailgetreu zu beschreiben.

 **Buchtipp:** Eißing, Eva: Wahrnehmung. Beobachtung, in: Wahrnehmen und Beobachten, hrsg. von Anette Lauber und Petra Schmalstieg, Stuttgart, Thieme, 2001, S. 4–46.

Literaturverzeichnis

Ayres, Anna Jean: Bausteine der kindlichen Entwicklung, 3. Auflage, übers. v. I. Flehmig und R.-W. Flehmig, Berlin, Springer, 1998.
Eißing, Eva: Wahrnehmung. Beobachtung, in: Wahrnehmen und Beobachten, hrsg. von Anette Lauber und Petra Schmalstieg, Stuttgart, Thieme, 2001, S. 4–46.
Hobmair, Hermann (Hrsg.): Psychologie, 4. Auflage, Köln, Bildungsverlag Eins, 2008.
Lauber, Annette/Schmalstieg, Petra: Wahrnehmen und Beobachten, Stuttgart, Thieme, 2001.
Schaefgen, Rega: Sensorische Integration, 4. Auflage, Lüchow, Phänomen Verlag, 2000.
Schäffler, Arne/Menche, Nicole (Hrsg.): Mensch. Körper. Krankheit, 3. Auflage, München/Jena, Urban und Fischer, 1999.
Schleicher, Susann: Blickpunkt Sozialpflege, 2. Auflage, Köln, Bildungsverlag Eins, 2009.
DVD: Die Sinne, eine komplexe Wunderwelt, Discovery Communications DVD, 2010.

Bildquellenverzeichnis

- Fotos

Martina Dorka, Köln: S. 29.1
dpa Picture-alliance GmbH, Frankfurt: S. 10.1 (Agencia Estado)
Fotolia Deutschland GmbH, Berlin: Umschlag links (Bilderbox), S. 3.1(fredredhat), 4.1 (lagom), 4.2 (Ingo Bartussek), 5 (Klaus Kaulitzki), 9.1 (Vanessa van Rensburg), 12.1 (Ocskay Bence), 14 (contrastwerkstatt), 16 (openlens), 18 (Daria Filiminova), 19 (Monkey Business), 20 (st-fotograf), 22.1 (Nejron Photo), 22.2 (Anne Katrin Figge), 22.3 (Robert Kneschke), 22.4 (olly), 22.5 (ilusjessy), 24 (damato), 25.1 (OOZ), 27.1 (gwt), 28.1 und 28.2 (VRD), 28.4 (djama), 28.5 (kaschibo), 29.2 (Yuri Arcurs), 29.3 (Kaarsten), 31 (VRD), 34 (Viorel Sima), 37 (opolja), 39 (gilles lougassi), 40.1 und 40.2 (Starpics), 43.1 (Adrian Niederhäuser), 43.2 (djama), 43.3 (Petro Teslenko), 43.4 (Sven Bähren), 43.5 (fovito)
MEV Verlag GmbH, Augsburg: Umschlag Mitte/rechts, S. 23, 24.2
Christian Schlüter/Bildungsverlag EINS: S. 4.3, 4.4
© The Natural History Museum, London: S. 12.2

- Zeichnungen

Steffi Becker/Bildungsverlag EINS: S. 7, 41
Angelika Brauner/Bildungsverlag EINS: S. 3.2, 9.2, 28.3
Elisabeth Galas/Bildungsverlag Eins: S. 27.2
Friederike Schumann/Bildungsverlag EINS: S. 30